本册圖版由故宫博物院提供。

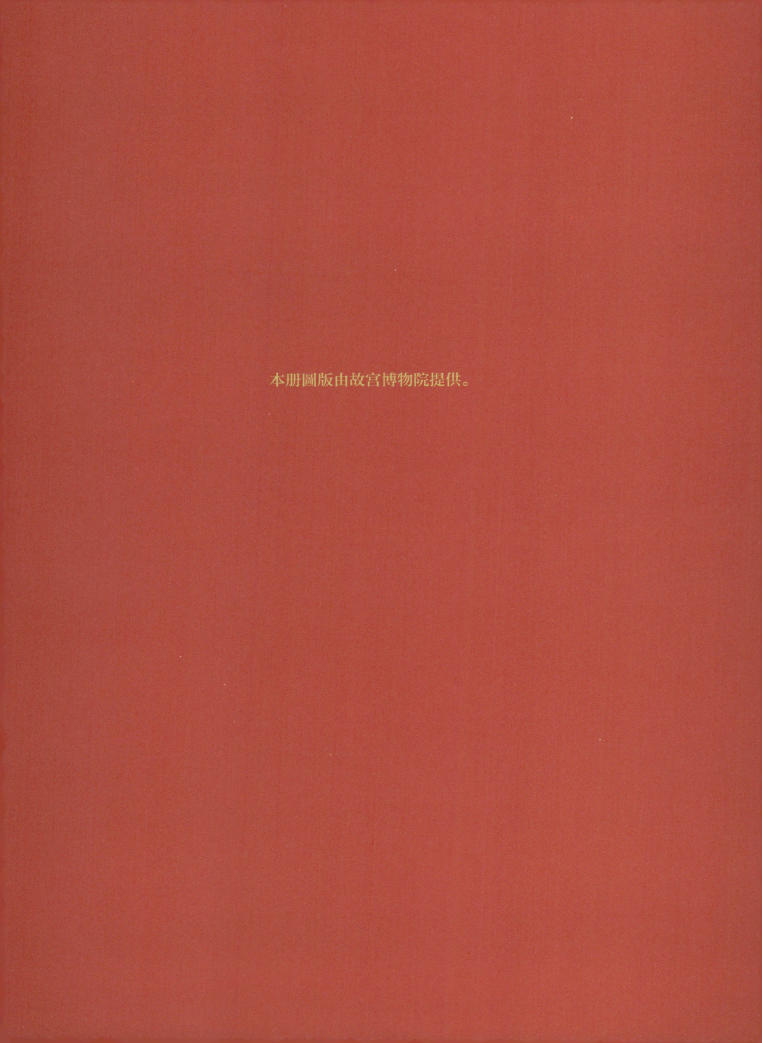

敦煌草書寫本識粹

馬德　呂義　主編

法華玄贊卷五

呂洞達　呂義　編著

社會科學文獻出版社
SOCIAL SCIENCES ACADEMIC PRESS (CHINA)

《敦煌草書寫本識粹》編委會

總序

一九〇〇年，地處中國西北戈壁深山的敦煌莫高窟，封閉千年的藏經洞開啓，出土了數以萬計的敦煌寫本文獻。其中僅漢文文書就有近六萬件，而草書寫本則有四百多件二百餘種。同其他敦煌遺書一樣，由於歷史原因，這些草書寫本分散收藏於中國國家圖書館、英國國家圖書館、法國國家圖書館、故宫博物院、上海博物館、南京博物院、天津博物館、敦煌市博物館、日本書道博物館等院館。因此，同其他書體的敦煌寫本一樣，敦煌草書寫本也是一百二十年來世界範圍内的研究對象。

（一）

文字是對所有自然現象、社會發展的記載，是對人們之間語言交流的記録，人們在不同的環境和場合就使用不同的書體。敦煌寫本分寫經與文書兩大類，寫經基本爲楷書，文書多爲行書，而草書寫本多爲佛教經論的詮釋類文獻。

敦煌草書寫本大多屬於聽講記録和隨筆，係古代高僧對佛教經典的詮釋和注解，也有一部分抄寫本和佛典摘要類的學習筆記；寫卷所採用的書體基本爲今草，也有一些保存有濃厚的章草遺韻。

敦煌草書寫本雖然數量有限，但具有不凡的價值和意義。

首先是文獻學意義。敦煌草書寫本是佛教典籍中的寶貴資料，書寫於一千多年前的唐代，大多爲聽講筆記的孤本，僅存一份，無複本，也無傳世文獻相印證，均爲稀世珍品、連城罕物，具有極高的收藏價值、文物價值、研究價值。而一部分雖然有傳世本可鑒，但作爲最早的手抄本，保存了文獻的原始形態，對傳世本錯訛的校正作用顯而易見；更有一部分經過校勘和標注的草書寫本，成爲後世其他抄寫本的底本和範本。所以，敦煌草書寫本作爲最原始的第一手資料可發揮重要的校勘作用；同時作爲古代寫本，保存了諸多引人注目的古代異文，提供了豐富的文獻學和文化史等學科領域的重要信息。

其次是佛教史意義。作爲社會最基層的佛教宣傳活動的内容記録，以通俗的形式向全社會進行佛教的普及宣傳，深入社會，反映了中國大乘佛教的「入世」特色，是研究佛教的具體信仰形態的第一手資料。通過對敦煌草書寫本文獻的整理研究，可以窺視當時社會第一綫的佛教信仰形態，進而對古代敦煌以及中國佛教進行全方位的瞭解。

再次是社會史意義。多數草書寫本是對社會最基層的佛教宣傳活動的内容記録，所講内容緊貼社會生活，運用民間方言，結合風土民情，特别是大量利用中國歷史上的神話傳説和歷史故事來詮釋佛教義理，展現出宣講者淵博的學識和對中國傳統文化的認知。同時向世人展示佛教在社會發展進步中的歷史意義，進一步發揮佛教在維護社會穩定、促進社會發展方面的積極作用，也爲佛教在當今社會的傳播和發展提供歷史借鑒。另外有少數非佛典寫本，其社會意義則更加明顯。

最後是語言學的意義。隨聽隨記的草書寫本來源於活生生的佛教生活，内容大多爲對佛經的注解和釋義，將佛教經典中深奥的哲學理念以大衆化的語言進行演繹。作爲聽講記録文稿，書面語言與口頭語言混用，官方術語與民間方言共存；既有佛教術語，又有流行口語……是没有經過任何加工和處理的原始語言，保存了許多生動、自然的口語形態，展示了一般書面文獻所不具備的語言特色。

當然還有很重要的兩點，就是草書作品在文字學和書法史上的意義。其一，敦煌草書寫本使用了大量的異體字和俗體字，這些文字對考訂相關漢字的形體演變，建立文字譜系，具有重要的價值，爲文字學研究提供了豐富的原始資料。其二，草書作爲漢字的書寫體之一，簡化了漢字的寫法，是書寫進化的體現。敦煌寫本使用草書文字，結構合理，運筆流暢，書寫規範，書體標準，傳承有序；其中許多草書寫卷，堪稱中華書法寶庫中的頂級精品，許多字形不見於現今中外草書字典。這些書寫於千年之前的草書字，爲我們提供了大量的古代草書樣本，所展示的標準的草書文獻，對漢字草書的書寫和傳承有正軌和規範的作用，給各類專業人員提供完整準確的研習資料，爲深入研究和正確認識草書字體與書寫方法，解決當今書法界的很多争議，正本清源，提供了具體材料，從而有助於傳承中華民族優秀傳統文化。同時，一些合體字，如「卄」（菩薩）、「卅」（菩提），「卅」、「卌」或「𡗗」（涅槃）等，個別的符代字如「煩々」（煩惱）等，可以看作速記符號的前身。

總之，敦煌草書寫本無論是在佛教文獻的整理研究領域，還是對書法藝術的學習研究，對中華民族優秀傳統文化的傳承和創新都具有深遠的歷史意義和重大的現實意義，因此亟須挖掘、整理和研究。

（二）

遺憾的是，敦煌遺書出土歷兩個甲子以來，在國内，無論是學界還是教界，大多數研究者專注於書寫較爲工整的楷書文獻，對於字迹較難辨認但内容更具文獻價值和社會意義的草書寫本則重視不够。以往的有關成果基本上散見於敦煌文獻圖録和各類書法集，多限於影印圖片，釋文極爲少見，研究則更少。這使草書寫本不但無法展現其内容和文獻的價值意義，對大多數的佛教文獻研究者來講仍然屬於「天書」；而且因爲没有釋文，不僅無法就敦煌草書佛典進行系統整理和研究，即使是在文字識別和書寫方面也造成許多誤導——作爲書法史文獻也未能得到正確的認識和運用。相反，曾有日本學者對部分敦煌草書佛典做過釋文，雖然每見訛誤，但收入近代大藏經而廣爲流傳。此景頗令國人汗顔。

敦煌文獻是我們的老祖宗留下來的文化瑰寶，中國學者理應在這方面做出自己的貢獻。三十多年前，不少中國學人因爲受「敦煌在中國，敦煌學在外國」的刺激走上敦煌研究之路。今天，中國的敦煌學已經走在世界前列，但是我們不得不承認，還有一些領域，學術界關注得仍然不够，比如説對敦煌草書文獻的整理研究。這對於中國學界和佛教界來説無疑具有强烈的刺激與激勵作用。因此，敦煌草書寫本的整理研究不僅可以填補國内的空白，而且在一定程度上仍然具有「誓雪國耻」的學術和社會背景。

爲此，在敦煌藏經洞文獻面世一百二十年之際，我們組織「敦煌草書寫本整理研究」項目組，計劃用八年左右的時間，對敦煌莫高窟藏經洞出土的四百多件二百餘種草書寫本進行全面系統的整理研究，内容包括對目前已知草書寫本的釋録、校注和内容、背景、草書文字等各方面的研究，以及相應的人才培養。這是一項龐大而繁雜的系統工程。「敦煌草書寫本識粹」即是這一項目的主要階段性成果。

（三）

「敦煌草書寫本識粹」從敦煌莫高窟藏經洞出土的四百多件二百餘種草書寫本中選取具有重要歷史文獻價值的八十種，分四輯編輯爲系列叢書八十册，每册按照統一的體例編寫，即分爲原卷原色圖版、釋讀與校勘和研究綜述三大部分。

寫本文獻編號與經名或文書名。編號爲目前國際通用的收藏單位流水號（因竪式排版，收藏單位略稱及序號均用漢字標識），如北敦爲中國國家圖書館藏品，斯爲英國國家圖書館藏品，伯爲法國國家圖書館藏品，故博爲故宫博物院藏品，上博爲上海博物館藏品，津博爲天津博物館（原天津市藝術博物館併入）藏品，南博爲南京博物院藏品等；卷名原有者襲之，缺者依内容擬定。對部分寫本中卷首與卷尾題名不同者，或根據主要内容擬定主題卷名，或據全部内容擬定綜述性卷名。

釋文和校注。竪式排版，採用敦煌草書寫本原件圖版與釋文、校注左右兩面對照的形式：展开後右面爲圖版頁，左面按原文分行竪排釋文，加以標點、斷句，並在相應位置排列校注文字。釋文按總行數順序標注。在校注中，爲保持文獻的完整性和便於專業研究，對部分在傳世大藏經中有相應文本者，或寫本爲原經文縮略或摘要本者，根據需要附上經文原文或提供信息鏈接；同時在寫本與傳世本的異文對照、對比方面，進行必要的注釋和説明，求正糾誤，去僞存真。因草書寫本多爲聽講隨記，故其中口語、方言使用較多，校注中儘量加以説明，包括對使用背景與社會風俗的解釋。另外，有一些草書寫本有兩個以上的寫卷（包括一定數量的殘片），還有的除草書外另有行書或楷書寫卷，在校釋中以選定的草書寫卷爲底本，以其他各卷互校互證。

研究綜述。對每卷做概括性的現狀描述，包括收藏單位、編號、保存現狀（首尾全、首全尾缺、尾缺、尾殘等）、寫本内容、時代、作者、抄寫者、流傳情況、現存情況等。在此基礎上，分内容分析、相關的歷史背景、獨特的文獻價值意義、書寫規律及其演變、書寫特色及其意義等問題，以歷史文獻和古籍整理爲主，綜合運用文字學、佛教學、歷史學、書法學等各種研究方法，對精選的敦煌草書寫本進行全面、深入、系統的研究，爲古籍文獻和佛教研究者提供翔實可靠的資料。另外，通過對草書文字的準確識讀，進一步對其中包含的佛教信仰、民俗風情、方言術語及其所反映的社會歷史背景等進行深入的闡述。

與草書寫本的整理研究同時，全面搜集和梳理所有敦煌寫本中的草書文字，編輯出版敦煌草書寫本字典，提供標準草書文字字形及書體，分析各自在敦煌草書寫本中的文字和文獻意義，藉此深入認識漢字的精髓，在中國傳統草書書法方面做到正本清源，又爲草書文字的學習和書寫提供準確、規範的樣本，傳承中華優秀傳統文化。在此基礎上，待條件成熟時，編輯「敦煌寫卷行草字典合輯」，也將作爲本項目的階段性成果列入出版計劃。

「敦煌草書寫本識粹」第一輯有幸得到二〇一八年國家出版基金的資助；蘭州大學敦煌學研究所將「敦煌草書文獻整理研究」列爲所内研究項目，並争取到學校和歷史文化學院相關研究項目經費的支持；部分工作列入馬德主持的國家社會科學基金重大項目「敦煌遺書數據庫建設」，並得到了適當資助，保證整理、研究和編纂工作的順利進行。

希望「敦煌草書寫本識粹」的出版，能够填補國内敦煌草書文獻研究的空白，開拓敦煌文獻與敦煌佛教研究的新領域，豐富對佛教古籍、中國佛教史、中國古代社會的研究。

由於編者水平有限，錯誤之處在所難免。我們殷切期望各位專家和廣大讀者的批評指正。同時，我們也將積極準備下一步整理研究敦煌草書文獻的工作，培養和壯大研究團隊，取得更多更好的成果。

是爲序。

馬德　吕義

二〇二一年六月

釋校凡例

一、本册釋校，以故宫博物院藏新〇〇一三七三六八爲底本，參校以《大正藏》（CBETA T34，NO. T1723）。引用的《法華經》經文，參校以原經文。底本，文中稱爲「唐本」；《法華經》，文中稱爲「經本」。

二、釋録時，對於筆畫清晰可辨，有可嚴格對應的楷化異體字者（與通用字構件不同），使用對應的楷化異體字；不能嚴格對應的（含筆畫增減、筆順不同等），一般採用《漢語大字典》釐定的通用規範繁體字。

凡爲《歷代字書》所收有淵源的異體字、假借字，一般照録。

凡唐代官方認可並見於正楷寫卷及碑刻而與今簡化字相同者，有的即係古代正字（如万、无、与等），爲反映寫卷原貌，均原樣録出。

對「己、已、巳」常見易混字隨文義録出。凡俗字於其首次出現時加注。

三、録文一律使用校正後的文字和文本，並對原卷仍存的錯訛衍脱等情況進行校勘，在校記中加以説明。鑒於古人徵引文獻時隨文就義，標點時引號僅用於標示所引經義起訖或所引其他論疏。

四、對於寫卷中所用的佛教特殊用字，如上下疊用之合體字𦬇（菩薩）、𦬊（菩提），「卌」、「𠦃」或「𡗗」（涅槃），「蓵」（菩提）、菙（薩埵）、蔢（薩婆）等，或符代字如「煩々」（煩惱）等，均以正字釋出。

五、對於前人已經識讀出的文本之異文與文字，在校注中加以說明。

目録

目録

法華玄贊卷五釋校

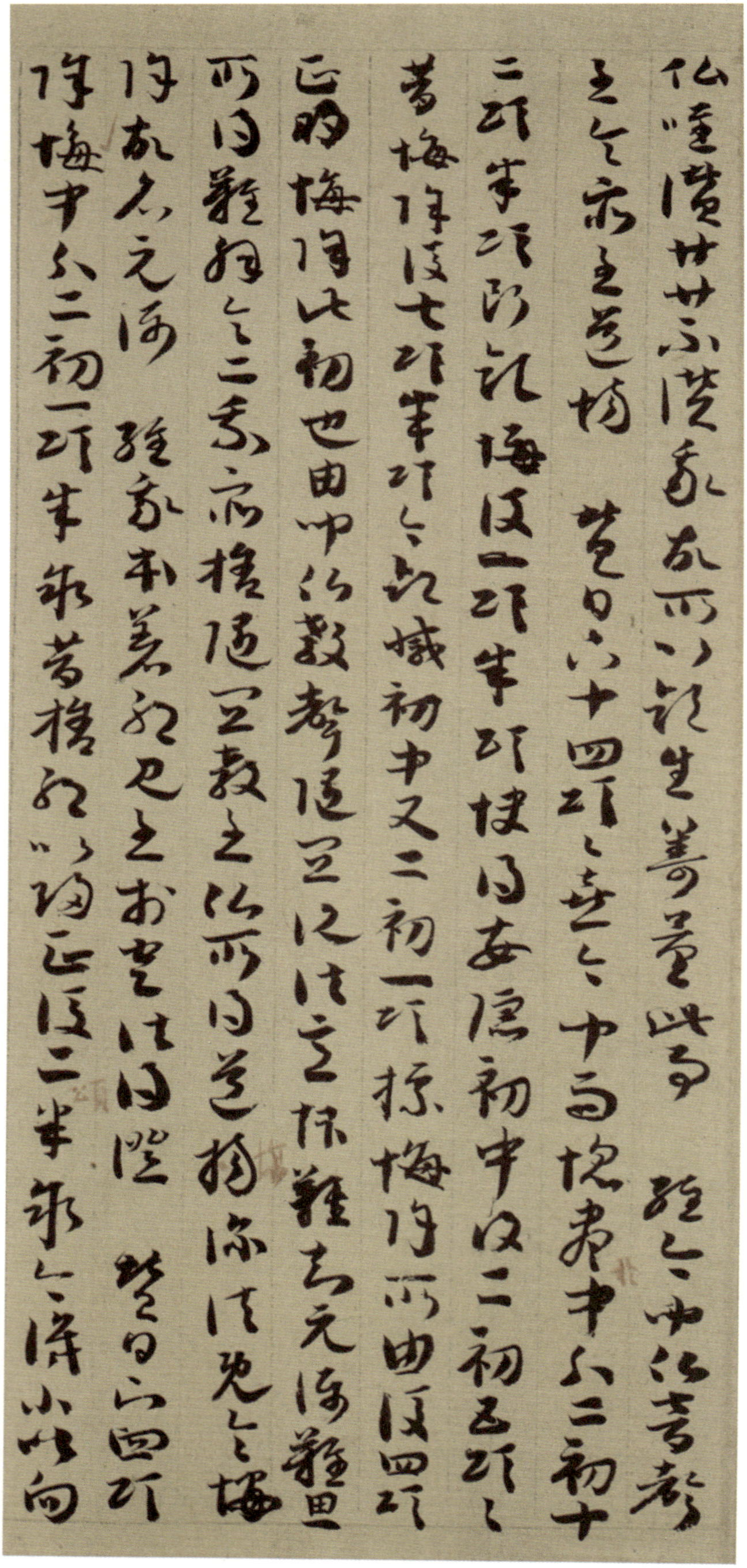

一 仏[一]唯讚[二]菩薩不讚我故，所以疑生籌量此事。經「今聞仏音聲」

二 至「令衆至道場」。賛[三]曰：下十四頌頌喜今聞而惚[四]盡，於[五]中分二：初十二頌半頌斷疑悔，後一頌半頌快得安隱[六]。初中復二：初五頌頌昔悔除，後七頌半頌今疑减[七]。初中又二：初一頌摽[八]悔除所由，後四頌正明悔除。此初也。由聞仏聲隨[九]宜[一〇]說法意趣難知，无[一一]漏難思所得難解，令二乘[一二]衆捨隨宜教，至仏所得道塲[一三]深法，既令悔除故名无漏。經「我本著邪見」至「於空法得證」。賛曰：下四頌悔除[一四]，中分二：初一頌半叙昔捨邪以歸正，後二頌[一五]半叙今識小以向

校注

【一】「仏」，古「佛」字，《大正藏》作「佛」。【二】「讃」，《大正藏》作「讚」，字同。【三】「賛」，《大正藏》作「贊」，字同。【四】「惚」，俗字，《大正藏》作「惱」。敦煌草書卷「惱」每作「惚」「惚」。【五】「於」，唐本朱筆補，《大正藏》無。唐代小楷寫卷「於」「扵」並存，字同。今釋文統一用「於」，後不再注。【六】「隱」，唐本或作「隠」「隐」，乃「隱」之俗字。【七】「减」，《大正藏》作「滅」。【八】「摽」，《大正藏》作「標」，字同。【九】「隨」，唐人碑刻及小楷寫卷多作「随」。【一〇】「宜」，《大正藏》作「宜」，字同。【一一】「无」，《大正藏》作「無」，字同。【一二】「乘」，自漢隸至唐代小楷寫卷，每作「乗」。【一三】「塲」，唐本原作「揚」，後朱筆校改作「塲」。《大正藏》作「場」，字同。【一四】「悔除」，唐本作「除悔」，中有朱筆倒乙符。【一五】「頌」，唐本朱筆補。

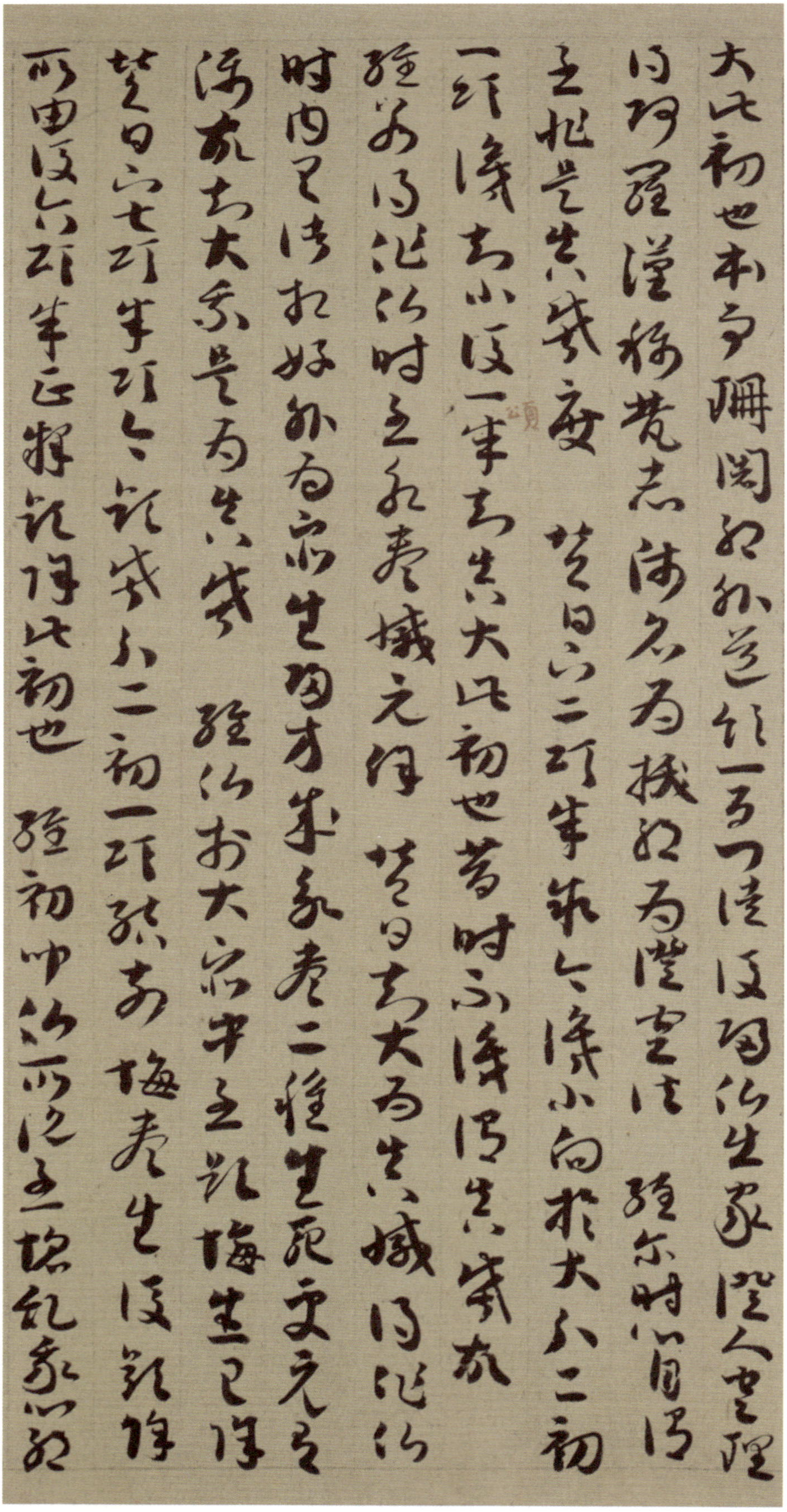

九 大。此初也。本事珊[一]闍耶[二]外道領一百門徒，後歸仏出家證人空理，

一〇 得阿羅漢稱梵志師，名爲[三]拔[四]邪爲[五]證空法。經「尔[六]時心自謂」

至「非是真[七]烕[八]度」。贊曰：下二頌半叙今識小[九]向於[一〇]大，分[一一]二：初一頌識知小，後一頌[一二]半知真大。此初也。昔時不識謂真烕故。經「若得作仏時」至「永盡烕无餘」。贊曰：知大爲真烕。得作仏時，内具諸相好、外爲衆生歸[一三]，方成永盡二種生死更无有漏，故知大乘是爲真烕。經「仏於大衆中」至「疑悔悉[一四]已除」。贊曰：下七頌半頌今疑烕，分二：初一頌結前悔盡、生後疑除所由，後六頌半正釋疑除。此初也。經「初聞仏所説」至「惚乱[一五]我心邪」。

校注

【一】「珊」，《大正藏》作「珊」，字同。《漢語大字典》：「冊」同「冊」。【二】「耶」，唐本如「邪」。《王力古漢語字典》：《説文》無耶字，耶字由邪字訛變而來。顔元孫《干禄字書》：耶、邪，上通下正。【三】「爲」，唐代碑刻及唐代寫卷每亦作「為」。【四】「拔」，唐本右上多一撇，俗字。【五】「爲」，《大正藏》作「得」。【六】「尔」，《大正藏》作「爾」，字同。《漢語大字典》：「尔」同「尒」（爾），今作「尔」。【七】「真」，經本、《大正藏》均作「實」。【八】「烕」，《大正藏》作「滅」，字同。【九】「小」下，《大正藏》有「以」。【一〇】「於」，《大正藏》無。【一一】「分」上，《大正藏》有「於中」。【一二】「頌」，唐本朱筆補，《大正藏》無。【一三】「歸」下，《大正藏》有「敬」。【一四】「悉」，唐本寫卷作「悉」或「悉」，又有上部「采」作「𠀎」者，皆是「悉」之俗字。【一五】「乱」，《大正藏》作「亂」，字同。「乱」，見北魏鄭道昭《鄭羲下碑》。敦煌小楷寫卷「乱」「亂」互用，本卷二〇行即用「亂」。

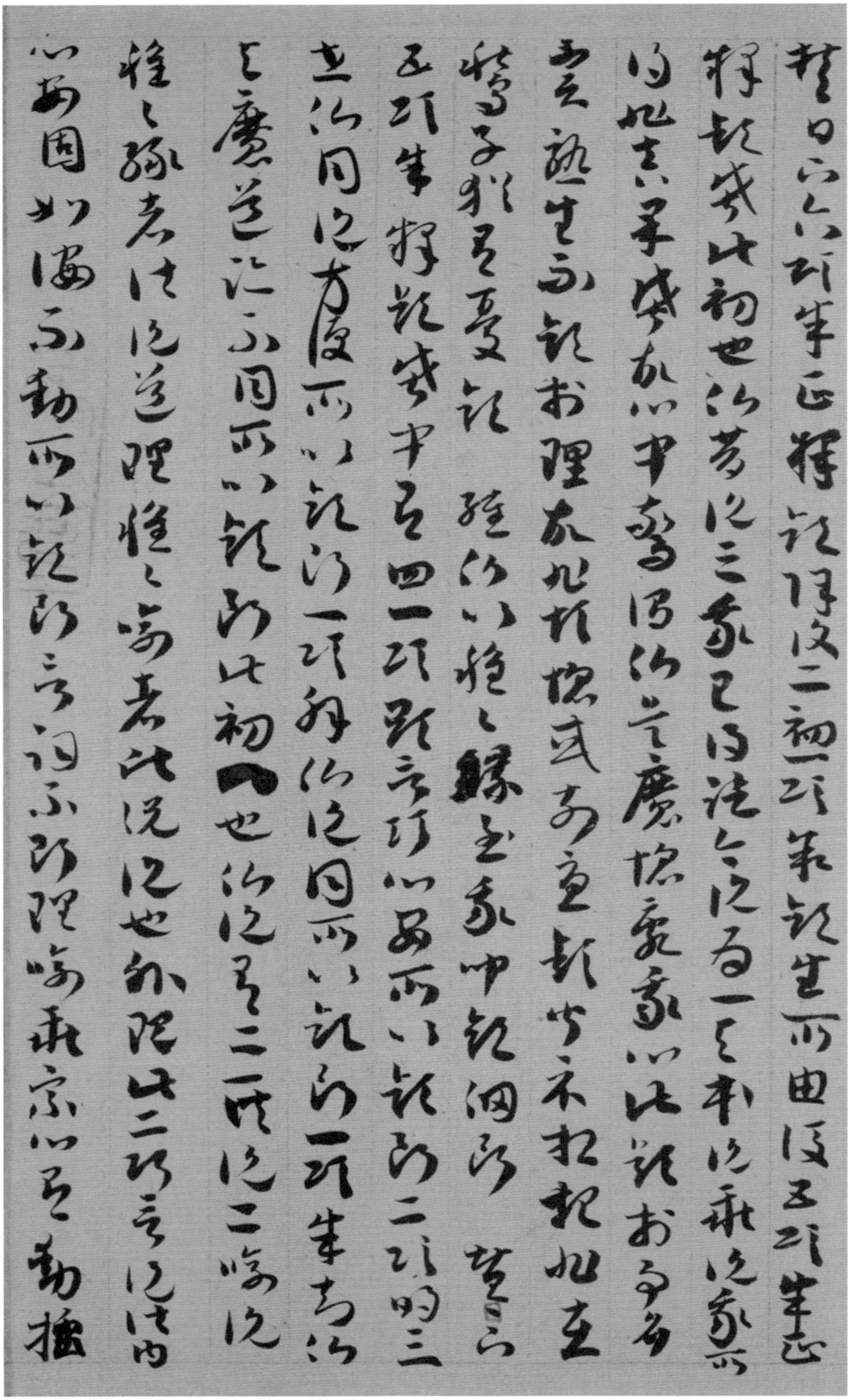

賛曰：下六頌半正釋疑除，復二：初一頌叙疑生所由，後五頌半正釋疑戚。此初也。仏昔説三[一]，我已得訖；今説爲一，与[二]本説乖，説我所得非真果戚，故心中驚，謂仏是魔惱亂我心，此疑於事名異熟生，不疑於理故非煩惱。或前憂、疑皆示相起，非在鶖子猶有憂、疑。經「仏以種種縁[三]」至「我聞疑綱[四]斷」。賛曰[五]：下五頌半釋疑戚，中有四：一頌顯[六]言巧心安，所以疑斷；二頌明三世仏同説方便，所以疑斷；一頌解仏説同，所以疑斷；一頌半知仏与魔道跡不同，所以疑斷。此初[七]也。仏説有二：一法説，二喻説。「種種縁」者法説道理，「種種喻」者比况[八]説也。外現此二巧言説法，内心安固如海不動，所以疑斷。言詞不斷[九]，理、喻乖宗，心有動揺

校注

【一】「三」下，《大正藏》有「乘」。【二】「与」，《大正藏》作「與」，字同。【三】「縁」，唐本「彖」上部「彑」作「彐」，部首同，「縁」「緣」字同。【四】「綱」，《大正藏》作「網」，字同。〔日〕梅原清山《北魏楷書字典》五〇五頁「網」下，舉例「綱，陳歞墓誌」。今簡化字「纲」與「网」易混。【五】「曰」，唐本原作重文符，後朱筆校作「曰」。【六】「顯」下，《大正藏》有「仏」。【七】「初」下，唐本塗去一字。【八】「况」，《大正藏》作「況」。顔元孫《干禄字書》：「况、況，上俗下正。」【九】「斷」，《大正藏》作「巧」。

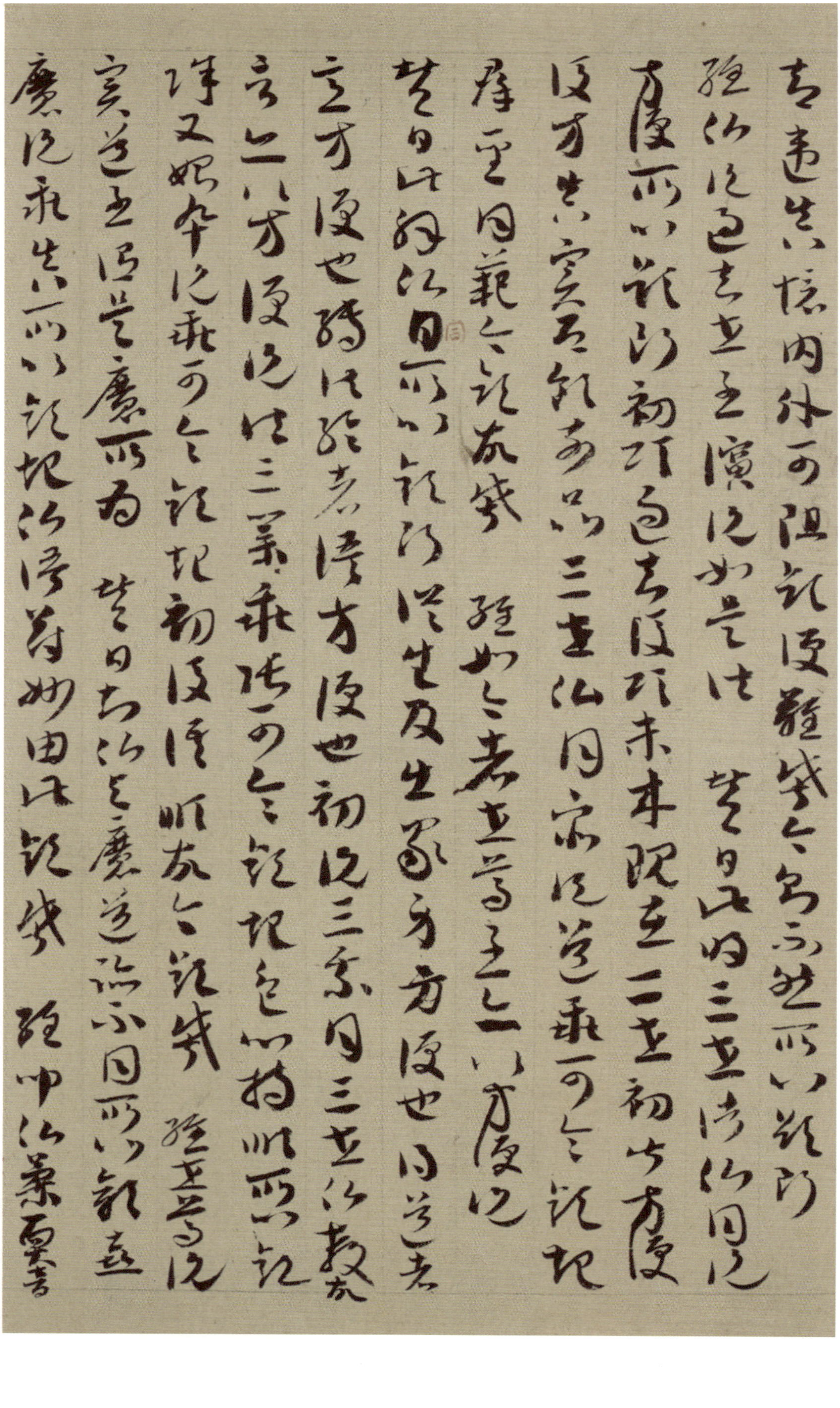

二六

智達[二]真境，內、外可阻疑便難威；今則不然，所以疑斷。

二九 經「仏說過去世」至「演[二]說如是法」。贊曰：此明三世諸仏同說
三〇 方便，所以疑斷。初頌過去，後頌未來[三]、現在二世，初皆方便、
三一 後方真實，即領前品三世仏同。衆說道乖可令疑起，
三二 羣聖同範令疑故戚。經「如今者世尊」至「亦以方便說」。
三三 贊曰：此解仏[四]同[五]，所以疑斷。「從生及出家」身方便也。「得道」者
三四 意方便也。「轉法輪」者語方便也。初說三乘同三世仏教，故
三五 言亦以方便說法。三業乖張可令疑起，色心相[六]順所以疑
三六 除。又始、卆[七]說乖可令疑起，初後語順故令疑戚。經「世尊說
三七 實道」至「謂是魔所爲」。贊曰：知仏与魔道跡不同，所以歡喜[八]。
三八 魔說乖真所以疑起，仏語符妙由此疑滅。經「聞仏柔耎[九]音」

校注

【一】「違」，《大正藏》作「迷」。【二】「演」，唐本右部「寅」中橫爲左右兩點，俗字。【三】「來」，自漢代隸書即有作「来」者，字同。【四】「仏」下，《大正藏》有「說」。【五】「同」，唐本原作「曰」，右旁朱筆改作「同」。【六】「相」，唐本作「持」，據《大正藏》改。佛典有「色心相應行」「色心無間生」等論。【七】「卆」，「卒」之俗字，《大正藏》作「末」。【八】「歡喜」，《大正藏》作「疑斷」。【九】「耎」，《大正藏》作「軟」，音義同。

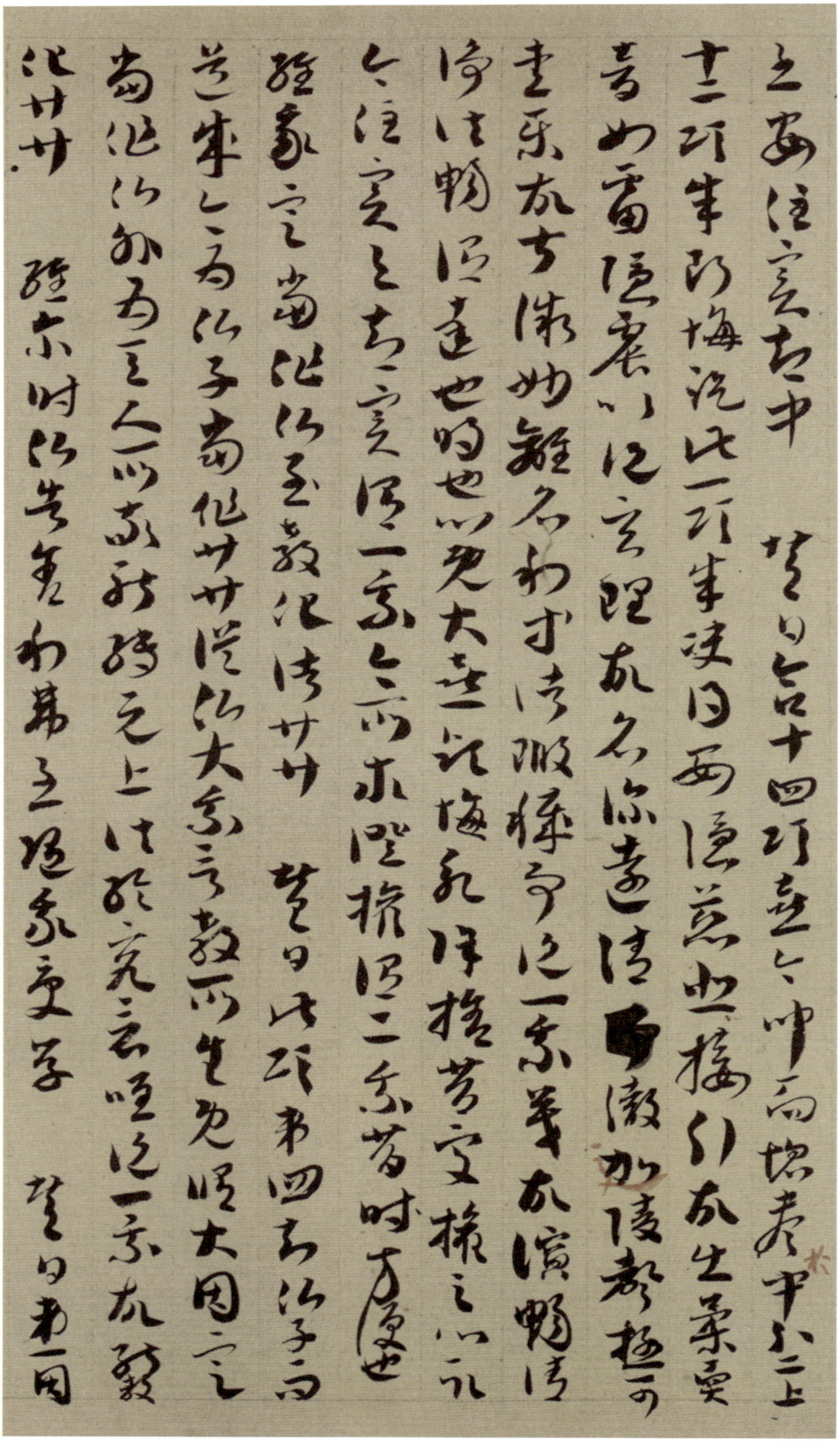

三九

至「安住實智中」。贊曰：合[一]十四頌，喜今聞而惚盡，於[二]中分二：上十二頌半斷[三]悔訖，此一頌半決[四]得安隱。慈悲接引故出柔耎音，如雷隱震以説玄理故名深遠，清徹[五]迦[六]陵聲極可愛樂故甚微妙，離名利等諸瑕穢事，説一乘義故名演暢清净法。「暢」謂達[七]也明也。心既大喜疑悔永除，捨昔處權之心、取今住實之智。實謂一乘，今所求證；權謂二乘，昔時[八]方便也。經「我定當作仏」至「教化諸菩薩」。賛曰：此頌弟[九]四知仏子而道成。今[一〇]爲仏子當作菩薩，從仏大乘言教所生，既脩[一一]大因定當作仏，外爲天人所敬能轉无上法輪，究竟唯説一乘，故能教化菩薩。經「尔時仏告舍[一二]利弗」至「隨我受學」。賛曰：弟一因[一三]

校注

【一】「合」上，《大正藏》有「下」。【二】「於」，唐本朱筆補，《大正藏》無。【三】「斷」下，《大正藏》有「疑」。【四】「决」，《大正藏》作「快」。【五】「徹」，唐本「育」上部作「去」，俗寫，《漢語大字典》未收此形。此形見於北魏《元熙墓誌》，敦煌唐代小楷寫卷每有此形，歐陽詢、褚遂良所書帖上石者亦多如此。「徹」上，唐本塗去一字。【六】「迦」上，《大正藏》有「如」，唐本「辶」旁係朱筆補。【七】「達」，《大正藏》作「遠」。【八】「時」，《大正藏》無。【九】「弟」，古「第」字。【一〇】「今」下，《大正藏》有「我」。【一一】「脩」，《大正藏》作「修」，字同。【一二】「舍」，唐本作「舎」，乃「舍」之俗字。【一三】「因」，《大正藏》作「周」。

中自分為三如來道等因緣字分處道等於中分三
初除法遣次進道後所遣之法亦空此初也第二有從
從所為无上菩提之教化如求者隨婆室咸難言等初舉
曾六十劫行菩薩道婆羅門從乞眼鶖子是之一彼同知
已授之於地長乏踐踏畏而去鶖子悔恨遂退大心此
彼時於菩教如二萬佛所以為菩提發心化大乘鶖子彼時亡退
受教　難家以方便之生家法中　其四比丘今年退大心後
化未猶大悟居小乘化以聲聞之陸之聲聞尊接之令為方
便陸其理之宗或化經化因名緣法中從化法所生亦乃
是其生於且如鶖子退姓大姓退生而還後兩以初友大以而中退

中自下弟三如來述成，同《藥草喻》重述成故。於中分三：初陳往遇，次述今逢，後顯還令依前取實。此初也。「曾二万[一]億仏所爲无上道常教化汝等」者，《優婆塞戒經》言：「舍利弗曾六十刧[二]行菩薩道，有婆羅門從其乞眼，鶖子与之。彼得眼[三]已投之於地，雙足踐踏罵詈而去。鶖子悔恨遂退大心。」此[四]彼時故昔教汝，二万仏所以爲善友[五]常化大乘，鶖子彼時亦隨受教。經「我以方便」至「生我法中」。賛曰：此述今逢。退大[六]以[七]後，仏知怖大情局[八]小果，化以聲聞令證无學，漸導誘之名爲方便；證生空理无漏智起，住仏法内名我法中，從仏法所生尔乃是真生故。且如鶖子退姓，大姓[九]近生而遠熟，所以初發大心而中退，

校注

【一】「万」，《大正藏》作「萬」，字同。【二】「刧」，《大正藏》作「劫」，字同。【三】「眼」，唐本作「娊」，據《大正藏》改。參見《止觀輔行傳弘決》卷三。【四】「此」下，《大正藏》有「説」。【五】「友」，唐本右邊有點，古寫法。智永真草《千字文》墨本如此。【六】「大」下，《大正藏》有「心」。【七】「以」，《大正藏》作「已」，古通。【八】「局」，顔元孫《干祿字書》：「局」之俗字。《大正藏》作「局」。【九】「大姓」，唐本小字補。

小乘迴向達生所以中支小心向聖果初教支於大之為人
聖實之因中亦小向果成為人權據之佛也　彊善初佛之
已得無度　經曰云許遍令依安示實亦二初諸劍與實
立為明據而忘實後許令證本以從法乾而後本比初也衆苦
教出者行佛道者劍與實之也　世之生是而後自得已得無
度者為明據而忘實也未聖教中果安樂之深窮範
之諸道亦十劫修根得聲中元深窮智所未證道故菩
明大乘人生忘後得所得莫實無度亦肯道明安生清淨
其已苦從佛受化人言是者此中至四禪一自證從佛聞小能說
教大生忘二佛說初教大乘人忘自證中諸學小從化三禪子
自證他人亦證之令壽之說化他人故言生死四安說法加被證

小姓近熟而遠生，所以中發小心而證果。初教發於大意，爲今[一]證實之因；中求小而果成，爲今[二]捨權之微[三]也。經「舍利弗」至「已得威度」。賛曰：下顯還令依前取實，分二：初徒[四]創興實意，爲脩權而忘實；後顯令憶本心，説《法花[五]》而復本。此初也。「我昔教汝志願仏道」者，創興實意也。「汝今𢙣[六]忘而便自謂已得威度」者，爲脩權而忘實也。未證聲聞果前未得无漏宿命之智，雖六十刧練根得聲聞无漏，宿命智所知猶近故。昔脩大[七]汝今𢙣忘，便謂所得是實威度，不肯進脩。前卷請中，世世已曾從仏受化，今言忘者此中有四解：一自憶從仏脩小，仏説教大𢙣忘。二仏説初教大乘今忘，自憶中徒[八]學小從化。三鶖子自憶、他人不憶，今寄之説他人，故言𢙣忘。四前説仏加故憶，

校注

【一】「今」，《大正藏》作「令」。【二】「今」，《大正藏》作「令」。【三】「微」，《大正藏》作「漸」。【四】「徒」，《大正藏》作「談」。【五】「花」，《大正藏》作「華」，古同。【六】「𢙣」，同「悉」。《龍龕手鑑·心部》：「𢙣，俗；悉，正。」《大正藏》作「悉」。【七】「大」下，《大正藏》有「乘」。【八】「徒」，《大正藏》作「途」。

之後自以故忘之不相違 經還令憶念本願所行道故 贊曰
今於本以說法名為退本也初化小機為向大名為聲聞說大
乘妙法蓮華回心已後名教菩薩之法佛所護念故名妙法蓮
華之殊名之意等等也理性功能是可等攝理是殊八為三
經故乎如初生說 經無如是所行之道 贊曰第一周中
正說四段以為授記是二初為授記後人天供養讚迴向初
授小二初明授記後是一所號名所初又是二初授因記後
授果記此初文中有四一時菩提之意劫二所[redacted]至因感值
若干千萬億佛奉持正法四是以利生安因以滿果方集故來入十
信為二萬劫況記以後時菩薩往蓮故比第一之先劫自方道
法化得入大[redacted]劫持正法等 經當得作佛號曰華光 贊曰

今談自心故忘。亦不相違。經「我今還欲」至「仏所護念」。賛曰：令憶本心説《法花》而後[一]本也。初化小機而向大，名爲聲聞而説大乘《妙法蓮花》，迴心已後名教菩薩之法、仏所護念，故知妙法蓮花亦傍名无量義等也。體性切[二]能有別，對機顯理有殊，分爲二經耳，如初卷説。經「舍利弗」至「所行之道」。賛曰：弟一周中下弟四段仏爲授記，有二：初爲授記，後人天供養讃歎迴向。初後[三]分二：初明授記，後有一頌結會令欣。初又[四]有二：初授因記，復[五]授果記。此初文，中[六]有四：一時節過无邊劫，二外[七]遇良緣值若干仏，三奉持正法，四具行利生。要因行滿果方成故，未入十信尚二万劫，況起心後時節應遠，故此弟一先説[八]劫多方遇諸仏、得入大[九]劫持正法等。經「當得作仏」至「仏世尊」。賛曰：

校注

【一】「後」，唐本右上原爲竪横，釋「復」，後用朱筆將竪横改爲一横，則此字爲「後」。《大正藏》作「復」。【二】「切」，「功」之俗字。【三】「後」，《大正藏》作「復」。【四】「又」，《大正藏》作「文」。【五】「復」，《大正藏》作「後」。【六】「中」，《大正藏》無。【七】「外」下，唐本塗去一字。【八】「先説」，唐本作「説先」，中有倒乙符。【九】「大」下，唐本塗去一字。

六明果記有二初長行後頌長行有六一內位等滿二劫
莊嚴三說法同七四劫名喜足五輔翼隨爲六法住時長
此初也目觀爾乾教光平中法乾翁光文外發祕法內友
翁光因行二義外名乾光光亮記初名理如一唯且如群迦
修勤因起彼初翁名蕤子不初服尺中言立相音度
經云三爲此立說爲上初果本爲紅記角大紅如來又子
至子見佛出二莊嚴爲友修三記名莊嚴王初文彼云紅點
十方修人見十方廿廿來以乾法善友以隨記名佛覺乾劫
名乾積如是求教亦可一淨式此出是初所建初後是以
發因翁住修授記明八六了不爲一授記所由二淨翁授記三

下明果記，有二：初長行，後偈頌。長行有六：一内德[一]成滿，二外土疘[二]嚴，三[三]説法同今，四劫名異即，五輔翼勝劣，六法住短長。

此初也。目覩雨花放光、耳聞法花智光，又外飧[四]秘法、内發智光，因斯二義故名花光。夫記仏名理非一唯[五]，且如釋迦、弥[六]勒因覩彼仏以爲名，鶖子最初假見聞而立稱。《智度論》云：「三百比丘脱衣上仏⿰禾乚[七]手爲相，記名[八]大相如來。又千天子見仏土疘嚴而發浄意，記名疘嚴王仏。」又彼《舌相品》：「十万億人見十方菩薩來以花供養，發心得記，名仏[九]覺花，劫名花積。」如是等類不可一准，或此皆是初所逢仏，後遇此縁因符往願。授記略以六門分別：一授記所由，二誰能授記，三

校注

【一】「德」，唐人小楷寫卷每作「徳」，字同。【二】「疘」，《廣韻·陽韻》：「疘」乃「莊」之俗字。【三】「三」，唐本原作「之」，朱筆校改作「三」。【四】「飧」，《大正藏》作「飡」。【五】「唯」，《大正藏》作「准」。【六】「弥」，《大正藏》作「彌」，字同。【七】「⿰禾乚」，《漢語大字典》：同「舉」。《龍龕手鑑·乙部》：「⿰禾乚，古文。音⿰禾乚」。《大正藏》作「舉」。【八】「名」，唐本作「各」，據《大正藏》改。《法華義疏》卷五：得成佛時名爲大相。【九】「名仏」，《大正藏》作「仏名」。

九一

誰所授記，四授記差別，五釋妨難，六聲聞類異。授記所

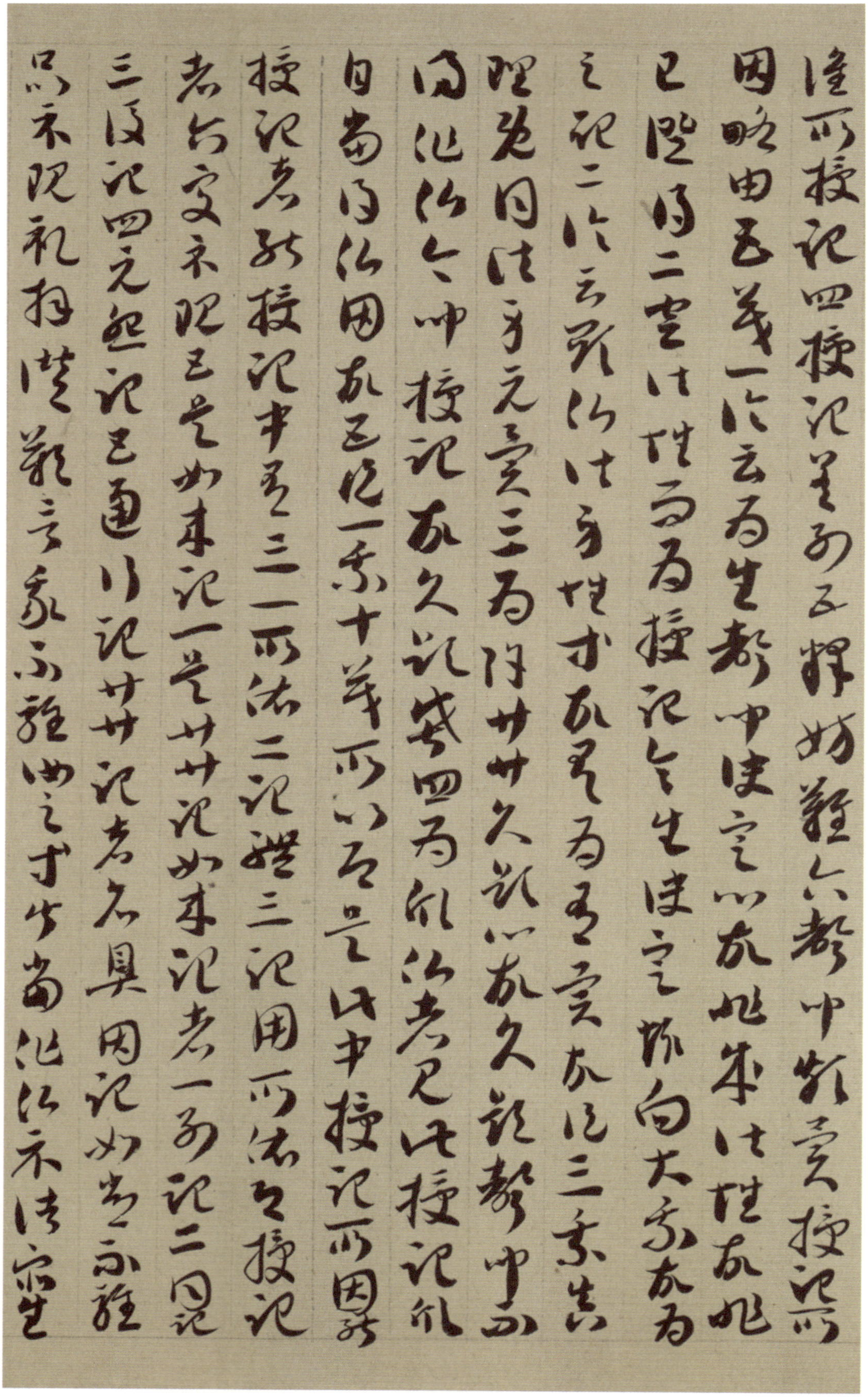

因[一]略由五義：一論云爲生聲聞决[二]定心故、非成[三]法性故，非已證得二空法性而爲授記，令生决定趣向大乘故爲之[四]記。二論云顯仏法身性等[五]故，有爲有異故說三乘，真理既同法身无異。三爲除菩薩久疑心故，久疑聲聞不得作仏，今聞授記故久疑滅。四爲欣仏者見此授記，欣自當得[六]仏因故。五說一乘十義所以，即是此中授記所因[七]。能授記[八]者能授記中有三：一所依，二記體，三記用。所依即[九]授記者，六處示現，五是如來記，一是菩薩記。如來記者：一別記，二同記，三後記，四无怨記，五通行記。菩薩記者名具因記，如《常不輕[一〇]品》示現礼[一一]拜讃歎，言「我不輕汝，汝等[一二]皆當作仏」，示諸衆生

校注

【一】「因」，《大正藏》作「由」。【二】「决」，同「決」。《玉篇・冫部》：「决」，俗「決」字。【三】「成」下，《大正藏》有「就」。【四】「之」，《大正藏》作「與」。【五】「等」上，《大正藏》有「平」。【六】「得」下，《大正藏》有「行」。【七】「因」，《大正藏》作「由」。【八】「記」下，「者能授記」，《大正藏》無。【九】「即」下，《大正藏》有「能」。【一〇】「輕」，又見一〇一行，其形似「雑」，釋依《大正藏》。【一一】「礼」，《大正藏》作「禮」，字同。【一二】「汝等」，唐本作「之等」，據經本改。「汝等」下，經本有「行道」。

少分佛性成記至當來佛之名字唯佛之記謂當來之能之
爲當佛名字國土時劫人亦能於上首成菩薩道之記
菩薩因果佛性因成此經亦爾一切經中能授記者不過此
二記體得授因果諸記用得言教唯記受用身記所對
五蘊之中遍應為體十地菩薩三乘皆於所授記是三所
法二體性所法說是所授記者作云是以受未記一為記集
初弟大迦葉等四大聲聞中示所記諸名號不同成之記為三
同記富樓那等五百人千二百人同一名成佛時之記三隨記
學無學等二千人同一號隨亡以根機示所志故授之之記四無
怨記之提婆達多記者未現如來無怨惡故王通
行記之比丘尼及至女記者未現女人在家出家順廿

皆有仏性故，記其當來仏之名字唯仏与記，餘[一]聖不能，不能別知當仏名字國土等故，下人不能知上事故；若諳含与記，菩薩亦得，具仏性因故。此經既尔，一切經中能授記者不過此二。記體謂後得世俗智。記用謂言教，唯他受用、變化身等，五薀[二]之中隨應爲體，十地菩薩、三乘異故。所授記有二[三]：一所依，二體性。所依即是所授記者。論云：「有六處示現：一別記，舍利弗、大迦葉等四大聲聞，衆所知識名号[四]不同，故与記別。二同記，冨[五]樓那等五百人、千二百人，同一名故，俱時与[六]記。三後記，學无學等共同一号，雖亦下根非衆所知，故後与記。四无怨記，与提婆達多記者，示現如來无怨惡[七]故。五通行記，与比丘尼及天女記者，示現女人在家出家脩菩

校注

【一】「餘」，唐本字形似「除」，釋從《大正藏》。【二】「薀」，《大正藏》作「蘊」，字同。【三】「二」，唐本原書兩横太短，易與下「一」混作「三」，乃以朱筆點去，旁用朱筆作「二」。【四】「号」，《大正藏》作「號」，字同。【五】「冨」，《大正藏》作「富」，字同。【六】「与」，唐本原作「之」，朱筆校改作「与」。【七】「惡」，唐代小楷寫卷多作「悪」，字同。

菩薩者皆得佛果故亦因記示諸衆生是佛性故
此之六記別在譬喻品及授記品中同記在正為弟子受
記品中後記在授學無學人記品中先無記在提婆達多
品中通以記在法師品及勸品中皆因記在常不輕品
中以理為權菩薩未度以及度以已後二乘不定性及諸菩薩
菩薩此之四人名所授記法華一乘為說攝權歸就實故無為
十地菩薩菩薩授記法華菩古今故是未來度以方是因記別唯是
菩薩度以已後但中法華無一乘佛法是及不定姓二乘之記
受無得也因性乃是無漏善根通說及性因所得果性
通正覺為是記才及記受用所為也故所說為故是
果別故是記宗故云清記別當果所求授記差別者

薩行者，皆證仏果故。六具因記，示諸衆生有仏性故。」

此之六記，別〔記〕[一]在《譬喻品》及《授記品[二]》中，同記在《五百弟子受記品》中，後記在《授學无學人記品》中，无怨記在《提婆達多品》中，通行記在《法師品》及《持品》中，具因記在《常不輕品》中。以理而推，異生未發心及發心已後，二乘不定性及諸菩薩，此之四人名所授記。法花一會爲化捨權而就實故，无爲十地菩薩授記。談昔古事，故有未發心前具因記別，唯有異生發心已後但聞法花无一不成仏，是及不定姓二乘之記，更无餘也。因體即是无漏善根，通現及種。因所得果體通五蘊，多是化身及他受用[三]，顯慈悲故、顯德高故、有差別故、有化衆故，下諸記別當具顯示。授記差別者，

校注

【一】「記」，唐本無，據《大正藏》補。【二】「品」，唐本作「別」，據《大正藏》改。【三】「用」下，《大正藏》有「者」。

首楞嚴經中佛告堅意菩薩授記凡有四種有未發心而
與授記有密授記有得無生法忍現前授記是名四
種道者如是發去以寶雲經中亦同此説瑜伽卌六説
略由六相諸如來於無上正等菩提授之記前何等為六
一安住種姓未發心位二已發心位三現在前位四不現前位
此上四種同首楞嚴彼密授記為不現前及密受或得無
生者名現前未得者名不現前或於坐者名為現前於
不在坐名不現前亦第三者之曰記中也不在會佛亦隨
記是五是定時限謂爾所時當證無上正等菩提六之定
時限謂不宣説定時限而直授記亦名不知其當來

《首楞嚴經》中「仏告堅意菩薩，授記凡有四種：有未發心而与受[一]記[二]，有密受[三]記，有得无生法忍[四]現前受[五]記，是名四種。唯有如來能知此事」。《寳[六]雲經》中亦同此說。《瑜伽》卌[七]六說略由六相，蒙諸如來於无上正等菩提授与記別。何等爲六？一安住種姓未發心位，二已發心位，三現在前位，四不現前位。此上四種同《首楞嚴》，彼密授記即不現前在密處故；或得无生忍名現前，未得者名不現前；或身在坐[八]名爲現前，身不在坐名不現前，下弟三[九]卷与同記中有不在會[一〇]，仏令傳記是。五有定時限，謂尒所時當證无上正等菩提。六无定時限，謂不宣說決定時限而与授記。今舍利弗即當弟

校注

【一】「受」，《大正藏》作「授」。【二】「記」下，《大正藏》有「有適發心而與授記」。【三】「受」，《大正藏》作「授」。【四】「忍」，唐本作「忎」，此形見北齊《維摩經碑》，乃「忍」之俗字。【五】「受」，《大正藏》作「授」。【六】「寳」，《大正藏》作「寶」，字同。【七】「卌」，《大正藏》作「四十」。【八】「坐」，《大正藏》作「座」，下行亦如此。【九】「三」，《大正藏》作「四」。【一〇】「會」，唐本原作「合」，朱筆校改。

二乘三乘六已發大心以說佛菩提之記故廿卅頌言經記

過八百劫乃至得菩薩道二万劫乃至羅漢法十千劫乃至云云

云者云何福處菩薩三藏三祇廿故大菩薩爾所劫方至十信

初以始入初劫廿廿地言迴向明行位初以始業廿廿地言

成佛極除重故由此々言迴元量劫方始修善根千

千万億佛行廿廿道求菩提三使之一種姓之重除後發隆

於正覺二發心之發大心王受不退轉三不退行之自在

已於初發心情發不退道初至地發心極廿提中發心廿提故

以至初地所發心故得至八地之法初之故之授記　釋妨

難者作云汝都中求為之事佛故之記有為不來佛之授

二弟三弟六，已發大心、現仏前住、无定[一]限故。《涅槃經》言「須陁洹八万劫[二]，乃至阿羅漢二万劫到，辟支仏十千劫到」，所言到者到阿耨多羅三藐[三]三菩提[四]，故知經尔所劫方到十信初心，始入初劫。《菩薩地》言「迂迴倚行不如初心始業菩薩，耽寂感味極深重故」。由此今言過无量劫方始供養若干千万億仏行菩薩道等。有三决定：一種姓定，遇緣便能證於正覺；二發心定，發大心已[五]更不退轉；三不虛[六]行，定得自在已於利有情終不空過。初在地前，五種菩提中發心菩提故；次在初地，證發心故；後在八地。今依初定故与授記。釋妨難者，論云：「彼聲聞等爲實成仏故与記別，爲不成仏与授

校注

【一】「定」下，《大正藏》有「時」。【二】「劫」下，《大正藏》有「到」。《能顯中邊慧日論》卷三引此文無「到」，《金剛三昧經論》卷二引此文下有「住」。【三】「藐」，「藐」之俗字，見於北魏至唐代的寫卷。唐《集王羲之聖教序·心經》亦用此形。【四】「菩提」，唐本作「提廿」，中有倒乙符。「提」下，《大正藏》有「心」。【五】「已」，唐本作「王」，據《大正藏》、《法華五百問論》卷二改。【六】「虛」，同「虚」，《字彙·虍部》：「虛」，俗「虚」字。

記也以於當來成佛者菩薩何成國土名號劫照象名量功德
前示成佛者云何處妄授記此之雖言第聲中等涅槃
為劫等殊根照聲中所為言因成佛者菩薩何成國土名
量劫照象名量功德方因菩提少因已號當來成佛法成之聲
中等證照少因示因成佛者何行之處妄記初位自覺
云授聲中授記者因使空以記佛號法性成此言記言之
聲中等因使空佛以追照如所記已證合佛號二聲
性出證為之授記從又初云如來依三乘平等記一乘法以
如來法等之授聲中法等之意成之授記化為至之照所證
成之授記十地菩薩佛號法成功德至之法聲中人功德成
之成也以菩薩照之量所有因菩提聲中來照之量功德

記也？若實成仏者，菩薩何故於无量劫脩集无量功德？若不成[一]者，云何虚妄授記？」此意難言。若聲聞等但住百劫等練根脩聲聞行，即實得成仏而与記者，菩薩何故於无量劫脩集无量功德方得[二]菩提，少因已能實成仏故。若聲聞等雖脩少因不得成者，何須今者虚妄記耶？論自答云[三]「彼聲聞授記者，得決定心，非成就法性故」，此意説言，令聲聞等得決定成仏心進脩妙行，非已證會成就二空法性真理而与授記。論又解云「如來依三乘平等説一乘法，以如來法身与彼聲聞法身无異故与授記，非即具足脩行功德故与授記。十地菩薩成就法故功德具足，諸聲聞人功德未具足故，是以菩薩脩无量行方得菩提，聲聞未脩无量功德，但令

校注

【一】「成」下，《大正藏》有「佛」。【二】「得」下，《大正藏》有「成佛」。【三】「云」，《大正藏》作「言」。

得空生佛之所放光授記　四衆中受學兼者復為云何為
記經三大劫當得菩提　若所攝作念法華化身非業果身
故示達理集證得念是變易生死為名此變說云來
友以為現身為化由變現復安大權作示大菩提度為情
故復入意隨無法緣空道去所化感之身業之至長時之
果示絕此所說業由無法說歷持勝妙無應量熟已後
勝翻唐大殊妙量於本放授如變化由此變為量於無時
名二變易生死無之說長乃至等佛由彼不收生死經少氣
者受變易生力至此佛境言教中復無此身於緣協云無
明住地為緣無漏業為因是阿羅漢辟支佛大力菩薩三種意

得定成仏之心故与授記」。問：聲聞无學永盡後有，云何爲記經三大刧當得菩提？答：《顯揚論》說「依變化身非業果身」，故不違理。《成唯識》說「即是變易生死別名」，此意說言，未發心前現身有限，由受記後發大誓願求大菩提度有情類，便入邊際无漏勝定，資昔[一]所作感今身業，令其長時与果不絶。此所資業，由无漏資，展轉微妙舊庶[二]異熟，已後微細廣大殊妙異於本故，猶如變化，由此變易異於舊時名變易生死，數數資長乃至成仏，由彼分段生死雖皆永盡[三]，受變易生乃至作仏，趣寂聲聞便无此事。故《勝鬘[四]》云「无明住地爲緣、无漏業爲因，有阿羅漢、辟支仏、大力菩薩三種意

校注

【一】「昔」，唐本作「苦」，據《大正藏》、《法華經三大部補注》卷八改。【二】「庶」，《大正藏》作「麁」。【三】「盡」下，《大正藏》有「說過三百由旬化作一城，變易未盡，說更二百由旬方至寶所故。分段生死，雖皆永盡」。【四】「鬘」，唐本作「鬘」。此字常見異體字有「鬘、鬘、鬘」。

生身廣如瑜伽佛地經攝論說教中教義者此云教
中有四一法空二勝上勝三近菩提四應化如本文二種記得
應化近菩提者得法空之勝上勝者根未熟亦如本示之
記菩薩菩薩之之記之之者有復又又以亦為二示雖記覺此言未
熟者勝上勝一所攝宗異云示熟云何言未淨理應云根
寄之人亦異於此信根未熟佛亦之記示不明記當來之壽
記佛亦菩薩菩薩之記羅會記為是理佛權方便之友信大乘心
勝上勝者信向根未熟佛之一示不明記當來集佛之
為菩薩菩薩之為羅會記為方便之友信向之心之名為文云根未
熟根未寄者當來集佛在羅漢云得人菩根世世時表

一六五 生身[一]。」廣如《瑜伽》《仏地》《唯識》別章等説。聲聞類異者，論云聲
一六六 聞有四：一決定，二增上慢，三退菩提心，四應化。如來与二授記，謂
一六七 應化、退菩提心者，除決定、增上慢者，根未熟故，如來不与
一六八 記。菩薩与記，菩薩与記者方便令發心故，常不輕[二]記是。此言未
一六九 熟者、增上慢者，可尔；趣寂畢竟不熟，云何言未「熟？未者不也」[三]。准理
應云趣
一七〇 寂之人不愚於法，信根未熟仏不与記，不分明記當來之世得
一七一 作仏故；菩薩与記，奄[四]含記別有理仏性[五]，方便令發信大乘心。
一七二 增上慢者，信向根未熟，仏亦不分明記別當來成仏之
一七三 事；菩薩亦爲奄含記別，方便令發信向之心。今合爲文言根未
一七四 熟，非趣寂者當[六]可成仏。《莊嚴論》云「餘人善根涅槃時盡，

校注

【一】「身」下，《大正藏》有「生」。【二】「輕」，唐本左旁似「馬」。【三】「熟未者不也」，唐本無，據《大正藏》補。【四】「奄」，唐本「奄」上加「亻」，字書無此字。《大正藏》作「奄」。【五】「性」下，《大正藏》有「故」。【六】「當」下，《大正藏》有「亦」。

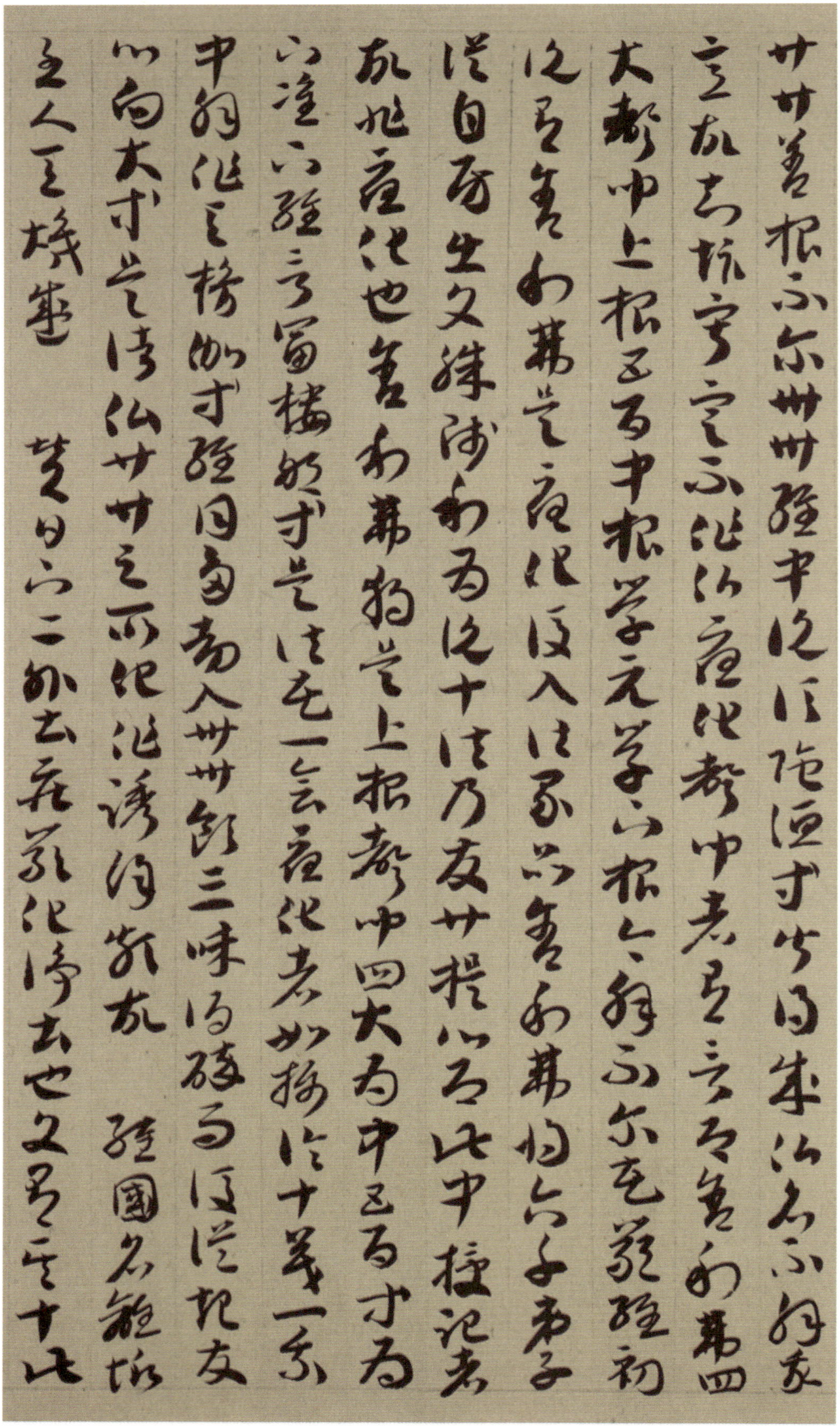

一七五 菩薩善根不尔」。《涅槃經》中說「須陁[二]洹等皆得成仏，名不解我

意」，故知趣寂定不作仏。應化聲聞者，有[二]言即舍利弗四大聲聞上根、五百中根、學无學下根。今解不尔，《花嚴經》初説有舍利弗是應化，後入《法界品》舍利弗將六千弟子從自房出，文殊師利爲説十法乃發菩提心，即此中授記者，故非應化也。舍利弗獨是上根聲聞，四大爲中，五百等爲下，准下經言富樓那等是法花一會應化者[三]。如《攝論》十義一乘中解化[四]，与《楞伽》等經同，多[五]劫入涅槃，飲三味[六]酒醉[七]而[八]後從[九]起發心向大等，是諸仏菩薩之所化作，誘餘類故。經「國名離垢」至「人天熾盛」。賛曰：下[一〇]二外土荘嚴，化浄土也。文有其十，此

校注

【一】「陁」，《大正藏》作「陀」，字同。【二】「有」下，《大正藏》有「人」。【三】「者」下，《大正藏》有「也」。【四】「化」，唐本作「作」，據《大正藏》改。參閱《法華玄論》卷六「論羅漢知一乘不知一乘義」。【五】「多」上，《大正藏》有「聲聞」。【六】「味」，《大正藏》作「昧」。【七】「醉」下，《大正藏》有「逸」。【八】「而」下，《大正藏》有「卧」。《法華五百問論》卷二無「而」。【九】「從」下，《大正藏》有「彼」。【一〇】「下」下，《大正藏》有「第」。

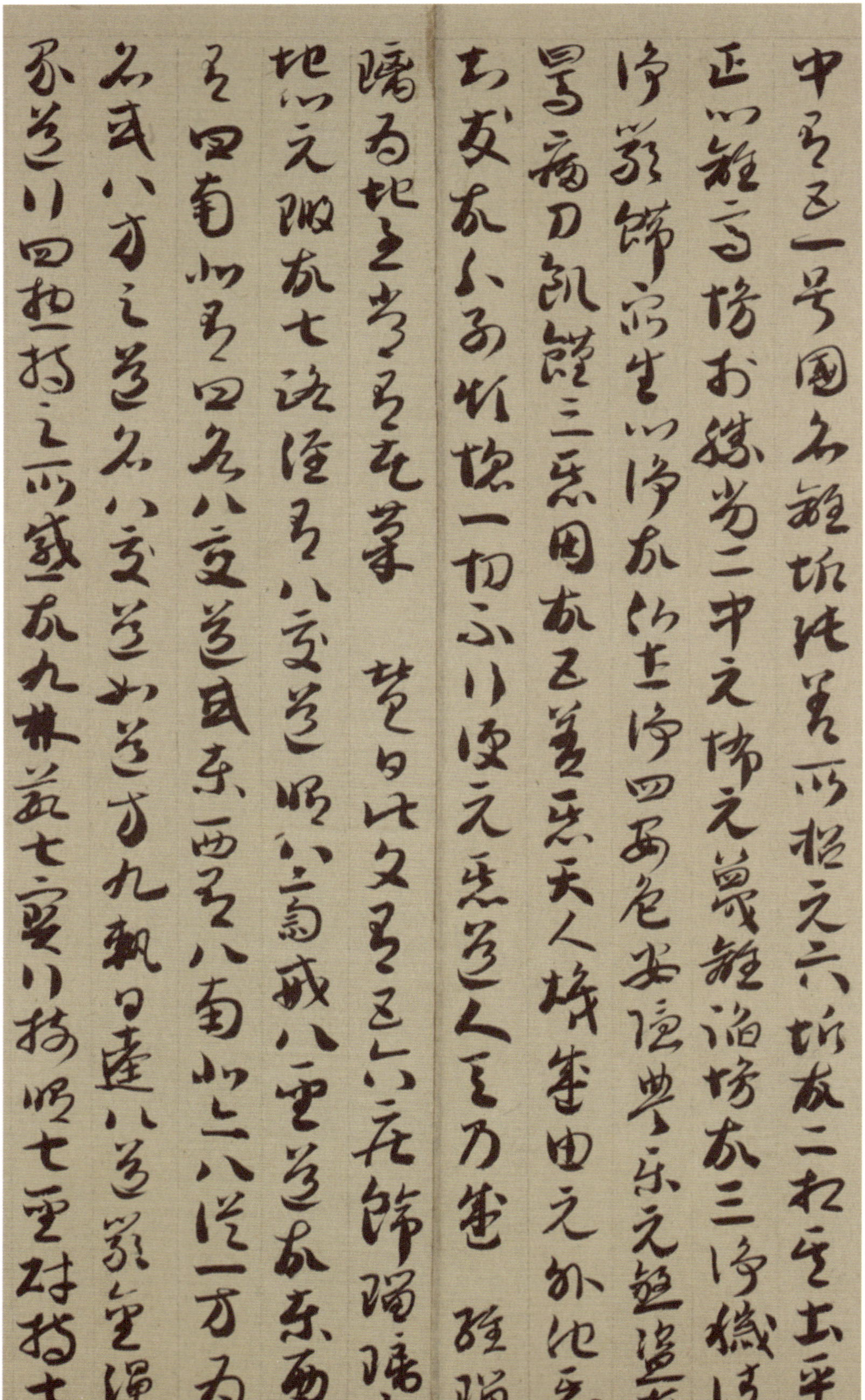

一八五

中有五：一号國[二]，名離垢，純善所招无六垢故。二〔土〕[三]相，其土平

一八六 正心離高慢[三]，於勝劣二中无怖无蔑，離諂慢故。三浄穢，清

一八七 浄嚴飾[四]衆生心浄故仏土浄。四安免[五]，安隱豊[六]樂，无煞[七]盜打

一八八 罵病刀飢饉三惡因故。五善惡，天人熾盛，由无外他惡

一八九 知友故，分别煩惚一切不行便无惡道，人天乃盛。經「瑠

一九〇 璃爲地」至「常有花菓」。賛曰：此文有五：六疰〔嚴〕[八]飾，瑠璃爲

一九一 地，心无瑕故。七路徑[九]，有八交道，脩八齋[一〇]戒八聖道故，東西

一九二 有四南北有四名八交道，或東西有八南北亦八，從一方爲

一九三 名，或八方之道名八交道，如道方九軌[一一]曰逵。八道嚴，金繩

一九四 界道，行四揔[一二]持之所感故。九林藪，七寶行樹，脩七聖財持七

校注

【一】「号國」，《大正藏》作「國號」。【二】「土」，唐本無，據《大正藏》補。《大正藏》本卷八、卷十多處亦言「土相」。【三】「慢」，《大正藏》作「慢」，字同。寫卷「巾」旁每作「忄」，此寫法元代有些書家依然如此。【四】「飾」，唐本右部作「芇」，俗字。【五】「免」，唐本似從「色」，補左撇。釋從《大正藏》。【六】「豊」，《大正藏》作「豐」，字同。【七】「煞」，《大正藏》作「殺」。《干禄字書》：煞、煞、殺，上俗中通下正。【八】「嚴」，唐本無，據《大正藏》補。【九】「徑」，「徑」之俗字，《大正藏》作「住」。【一〇】「齋」，《大正藏》作「齊」。【一一】「軓」，「軌」之别字。《大正藏》作「軌」。【一二】「揔」，《大正藏》作「總」，字同。

莖成就十葉究竟花葉位明七覺八解如因所增長
成　經曰光如來出教化眾生　贊曰下第三佛因有六
有二初明因上得所以此初也以因上成名為上以經此德
是此據去也光言清淨內外淨去　經曰利精至次三乘法
贊曰此釋所以授記釋也上二本依上德依力但生長善
明法供行和示因緣生長教化眾生初以方便後以生空
故以三乘花光如來自之菩薩所以隆極樹木後如此名令眾生
者彼修行時無惡眾生皮後生彼所學所習調伏二乘法三乘
法地化惡生初標後宣　經曰當名為大莊嚴　贊曰六
第四劫名意乃初標後釋　經曰彼清廿廿無所不能及
贊曰六第五輔翼勝劣有二初引解後捶辨之初文

支戒故。十榮[一]實，常有花菓，恒脩七覺八解脫因所增長故。經「花光如來」至「教化衆生」。贊曰：下弟三説法同今，有二：初明同今，後釋所以。此初也。以同今故名爲「亦以」，「雖非惡世」非穢土也。既言清浄，明化浄土。經「舍利弗」至「説三乘法」。贊曰：此釋所以。據實釋迦亦[二]本願，今隱願力但出惡世，欲明諸仏行利不同。我出惡世教化衆生，初以方便後以[三]真實，故以三乘；花光如來願意普資，所以唯稱本願如此。欲令衆生知彼仏時无惡衆生發願生彼，順本所習調伏二乘説三乘法，非化惡生初權後實。經「其刼名」至「爲大寶故」。贊曰：下弟四刼名異即，初摽，後釋。經「彼諸菩薩」至「所不能及[四]」。贊曰：下弟五輔翼勝劣，有二：初別解德，後摠結之。初文

校注

【一】「榮」，《大正藏》作「菓」。【二】「亦」下，《大正藏》有「由」。【三】「以」，唐本作「八」，據《大正藏》改。佛典常見「以真實法」「以真實道」「以真實力」諸語。【四】「所不能及」，《大正藏》作「無能知者」。

二〇六

有十，此有一德衆聖難量，如旃[一]檀[二]林旃檀圍遶也。經「若

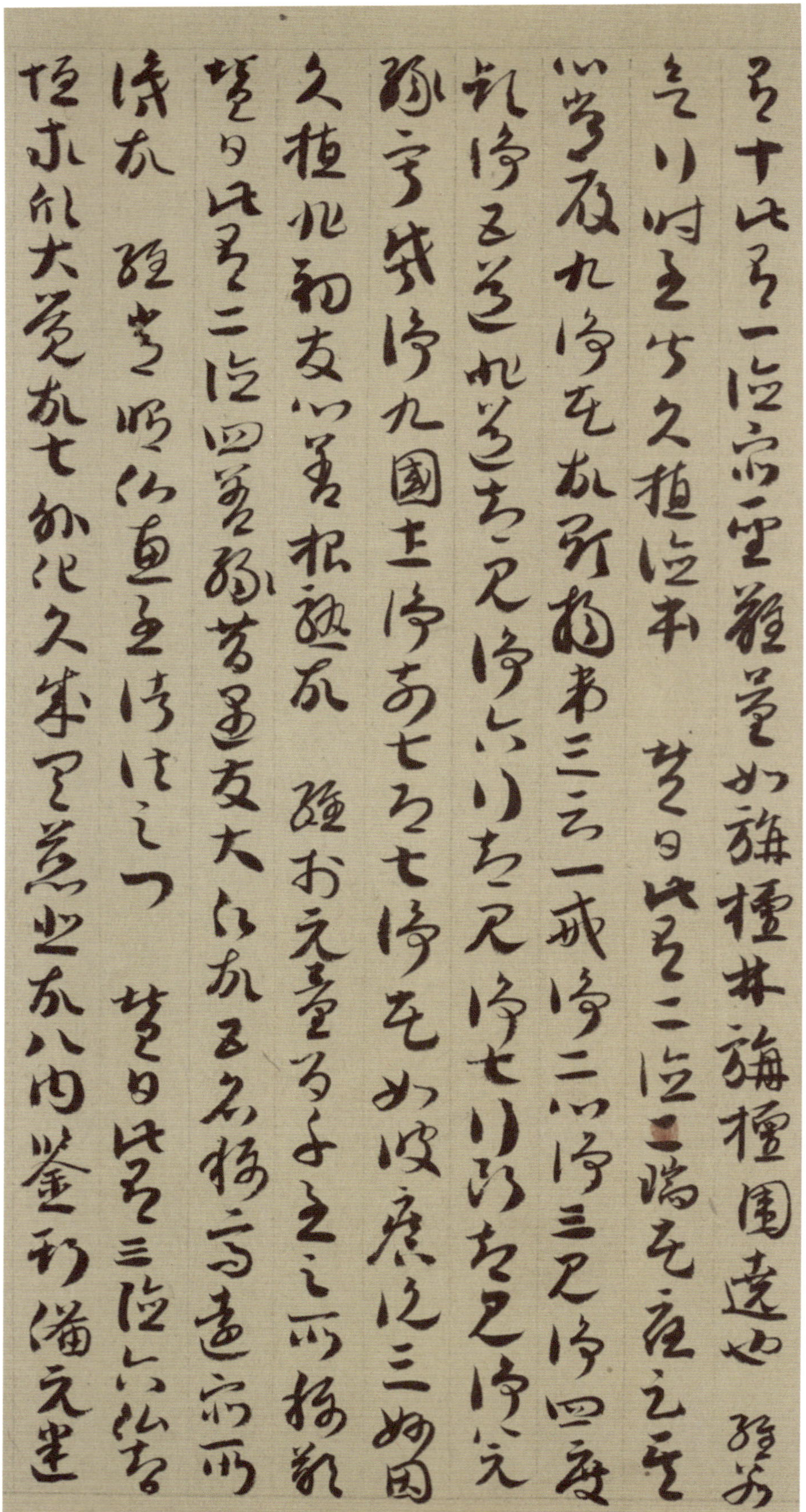

二〇七 欲行時」至「皆久植[三]德本」。贊曰：此有二德，瑞[四]花應足，其

二〇八 心常履九淨花故。《顯揚[五]》弟三云：一戒淨，二心淨，三見淨，四度

二〇九 疑淨，五道非道智見淨，六行智見淨，七行斷智見淨，八无

二一〇 緣寂戚淨，九國土淨，前七即七淨花，如彼廣說。三妙因

二一一 久植，非初發心，善根熟故。經「於无量百千」至「之所稱歎」。

二一二 贊曰：此有二德：四善緣昔遇，發大願故。五名稱高遠，衆所

二一三 識故。經「常脩仏恵[六]」至「諸法之門」。贊曰：此有三德：六仏智

二一四 恒求，欣大覺故。七外化久成，具慈悲故。八内鑒[七]斯偹[八]，无迷

校注

【一】「旃」，此行兩見，右下之「丹」，一將「丹」中點作長横；一將「丹」作「冉」，皆爲俗字。《大正藏》作「栴」。【二】「檀」，唐本右上少點，俗字。【三】「植」，經本、《大正藏》均作「殖」。【四】「瑞」上，唐本原有「二」，朱筆删之；《大正藏》有「二」。【五】「揚」下，《大正藏》有「論」。【六】「恵」，字同「惠」，《大正藏》作「慧」。「恵」，通「慧」。【七】「鑒」，《大正藏》作「鑒」，字同。【八】「偹」，《大正藏》作「備」，字同。

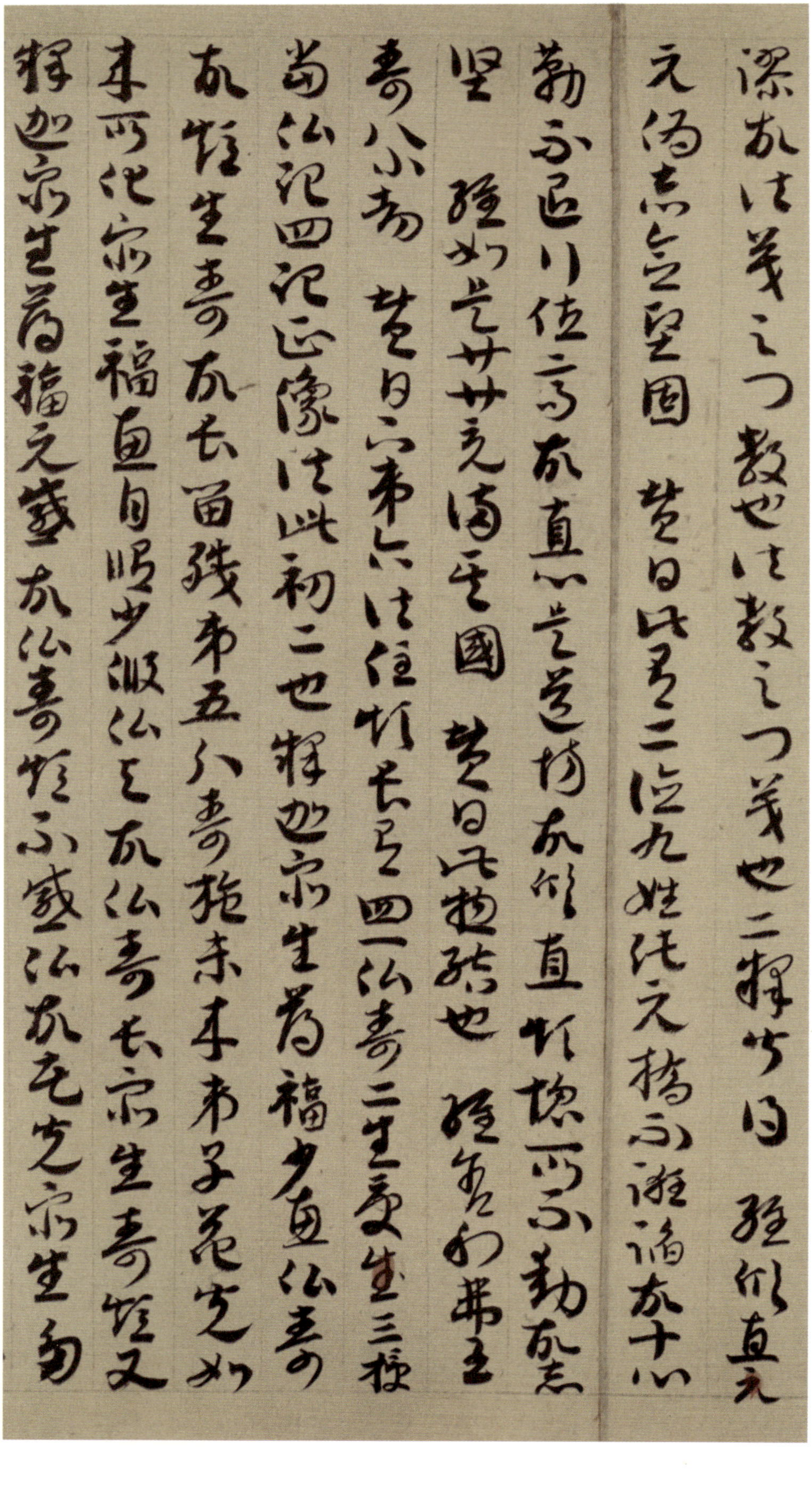

二五

謬[一]故。法義之門教也，法教之門義也，二釋皆得。經「質[二]直[三]

无僞志念堅固」。賛曰：此有二德：九姓純无撟[四]，不誑諂故。十心勤[五]不退，行位高故，直心是道場故。質直，煩惚所不動，故志堅[六]。經「如是菩薩充滿其國」。賛曰：此惚[七]結也[八]。經「舍利弗」至「壽八小劫」。賛曰：下弟六法住短長，有四：一仏壽，二生受[九]，三授當仏記，四記正像法。此初二也。釋迦衆生薄福少恵，仏壽故短，生壽故長，留殘弟五分壽施未來弟子；花光如來所化衆生，福恵自脩少[一〇]假仏与，故仏壽長，衆生壽短。又釋迦衆生薄福无感，故仏壽短，不感仏故；花光衆生多

校注

【一】「謬」，右下「㐱」，唐本作「尒」，乃俗寫。此形見於漢《曹全碑》。【二】「質」，唐本似「欣」，對看二一七行之「質」，釋之。【三】「直」下，唐本有「无」，朱筆點刪。【四】「撟」，《大正藏》作「憍」。唐本右上部作「右」，見於漢隷。【五】「勤」，唐本作「勒」，據《大正藏》改。「志勤」，佛典常用詞。草書寫卷中「勤」、「勒」每混。參看張涌泉《漢代俗字研究》。【六】「堅」上、下，《大正藏》有「念」、「固」。二一六行有「志念堅固」。【七】「惚」，《大正藏》作「總」，字同。【八】「也」上，《大正藏》有「釋」。【九】「受」，《大正藏》作「壽」。「受」下，唐本有「生」，朱筆刪。【一〇】「少」，《大正藏》作「不」。

稱名盛故佛壽長盛佛記故　經光明如來至三十授記
贊曰自下第三授記爲佛記三初記時二正記三國土此初也　經
二萬億佛壽命劫滿方授記故精進勤名為寶滿　經曰
法比丘至三藐三佛陀　贊曰此正明記光之名寶光幸之
田中供養為因當佛果國土名為光之田中供光明安樂
行名為安樂光云安樂法行名為安樂比丘菩薩行佛塔
猖獗行也為多陀阿伽度如來也阿羅訶三藐三佛陀
正等覺也梵云如來應正等覺吉云如來應供正遍
知　經光佛國土二諸如是　贊曰此明國土二如光光佛
之國土如法光因所招報故　經當初無世二小劫　贊曰
自下第四記正像法有佛正法數行壁三小不可思議形佛像

福有感，故仏壽長，感仏化故。經「花光如來」至「三菩提記」。贊曰：自下弟三授當仏記，有三：初記時，二正記，三國土。此初也。「過十二劫」者，仏壽劫滿方授記故，精進成就名爲堅滿。經「告諸比丘」至「三藐三仏陁」。贊曰：此正明記。「花足」者寶花承足，由聞[一]《法花》爲因、成仏果圓滿，故名爲花足；由聞《法花》行安樂行，故名安行。有云安徐而行名爲安行。此非善釋。何仏憧惶猖獗行也？「多陁阿伽度」如來也，「阿羅訶[二]」應也，「三藐三仏陁」正等覺也。新經云「如來、應、正等覺」，古云「如來、應供、正遍知」。經「其仏國土亦復如是」。贊曰：此明國土，亦如花光仏之國土，行法花因所招致故。經「舍利弗」至「卌[三]二小劫」。贊曰：自下弟四記正像法。若仏正法，教、行、證三皆具足有；若仏像

校注

【一】「聞」，《大正藏》作「開」。【二】「訶」，唐本作「河」，據《一切經音義》卷三、《大正藏》改。【三】「卌」，《大正藏》作「三十」。

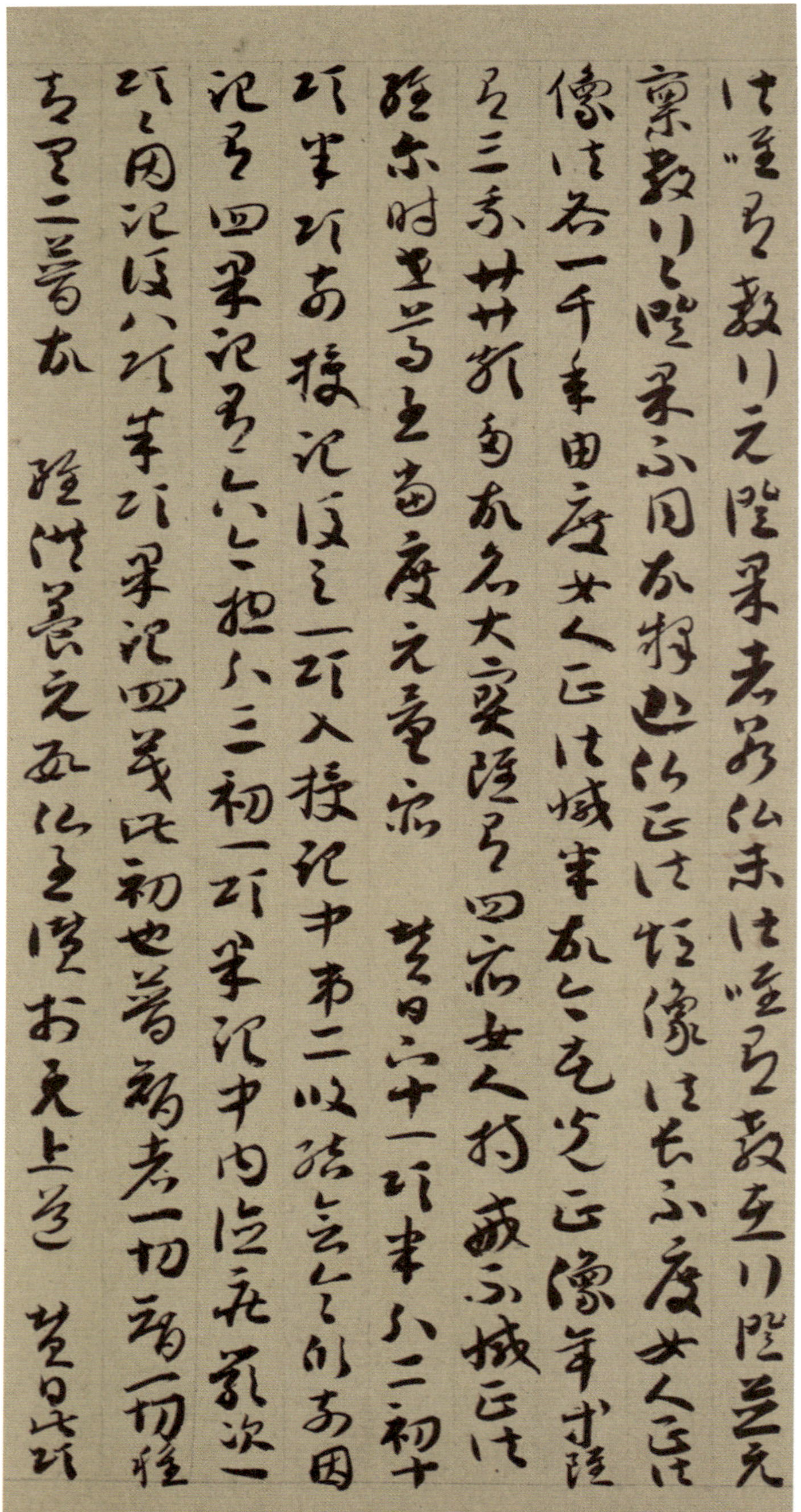

二三五

法，唯有教、行，无證果者；若仏末[一]法，唯有教在，行、證並无。

稟教、行行、證果不同，故釋迦仏正法短、像法長，不度女人，正法
像法各一千年，由度女人正法減半故。今花光正像年等，雖
有三乘菩薩類多，故名大寶，雖有四衆，女人持戒，不減正法。
經「尔時世尊」至「當度无量衆」。賛曰：下十一頌半，分二：初十
頌半頌前授記，後之一頌入[二]授記中弟二段結會令欣[三]。前因
記有四，果記有六，今捴分三：初一頌[四]果記中内德庄嚴，次一
頌頌因記，後八頌半頌果記四義。此初也。「普智」者，一切智、一切種
智具二普故。經[五]「供養无數仏」至「證[六]於无上道」。賛曰：此頌

校注

【一】「末」，唐本初作「未」，後用朱筆改作「末」。【二】「入」，《大正藏》無。【三】「欣」，頗疑是「質」，以「令欣」與七六行同，乃釋「欣」。【四】「頌」下，《大正藏》有「頌」。【五】「經」，唐本先作「雖」，後改作「經」。【六】「證」，唐本作「讚」，據經本、《大正藏》改。

敦煌草書寫本《法華玄贊》概述

《法華玄贊》，全稱《妙法蓮華經玄贊》，是唐代法相宗僧人窺基所撰，對《法華經》進行注釋，在《法華經》注疏史上具有重要的地位，也成爲法相唯識宗的重要文獻。

一、《法華經》的成立與翻譯

《法華經》，全稱《妙法蓮華經》（Skt. Saddharma-puṇḍarīka,*Saddharma-puṇḍarīka-sūtra）。經文以一切衆生成佛爲主題，强調釋迦「久遠成佛」的新理念，宣説信仰《法華經》既能獲得巨大的現世利益，又能得以成佛。全經要旨在於説明三乘方便、一乘真實。經中自稱「經中之王」，此經在早期大乘佛教經典成立史中占有重要地位，並且因其豐富的譬喻故事，在東亞佛教傳統中廣受歡迎。

（一）《法華經》成立過程

此經起源很早，流傳特盛。據學者研究，早在公元紀元以前，出現了與比丘教團相對立的，以在家菩薩爲中心的菩薩教團。在西北印度産生了出於菩薩行的立場結集經典的運動。成立於二世紀至三世紀的《大智度論》中曾經多次引用《法華經》，四世紀的世親撰《妙法蓮華經憂波提舍》（簡稱《法華論》），對本經加以注釋。因此推測該經最古層的成立年代在公元一五〇年前後。

如果着眼於經文各品的異質性，多數學者認爲《法華經》的文本可以分爲新、古若干層次，經歷了階段性的擴增過程，一般認爲《方便品》中的一部分最先成立，此後的成立年次，學者提出各種方案。但也有學者考慮到經文各品次序和叙事場面的連續性，提出二十七品同時成立説。從文獻學的角度考察，經文中某品經歷擴增過程，或者單獨流布的實證迄今未發現，因此經文的階段性成立仍是一種假説。

《法華經》的梵文寫本，迄今已有發現於克什米爾、尼泊爾和中國新疆、西藏等地的數十種，克什米爾、新疆兩地所出本年代較早，爲五世紀至九世紀寫本，但其數量少而殘缺不全；尼泊爾、西藏兩地所出本年代較晚，爲十一世紀至十九世紀寫本，其數量和完整程度都較前者爲佳。

（二）《法華經》的漢譯本

《法華經》有六個漢譯本，大藏經中收録有三種，分别是：西晉太康七年（二八六），竺法護譯《正法華經》十卷二十七品；後秦弘始八年（四〇六），鳩摩羅什譯《妙法蓮華經》七卷二十七品；隋仁壽元年（六〇一），闍那崛多、達摩笈多重勘梵本，補訂什譯，名爲《添品妙法蓮華經》，七卷二十八品。

在漢傳系統中，以鳩摩羅什譯本最爲流行。羅什的翻譯「曲從方言，而趣不乖本」[一]，既照顧了漢語表達的優美流暢，又能儘量忠實於原作的意義，因此後代雖有新譯，仍然難以取代，歷代注家的注釋也絶大多

[一] 慧觀：《法華宗要序》，蘇晉仁、蕭煉子點校《出三藏記集》卷八，中華書局，一九九五，第三〇六頁。

數是對羅什譯本的解釋。

羅什譯本缺《提婆達多品》，《普門品》中無重誦偈。後人將南齊法獻、達摩摩提從于闐得到的《提婆達多品》第十二和闍那崛多譯《普門品偈》補入，又將玄奘譯《藥王菩薩咒》編入，形成現行流通本的內容。

（三）《法華經》的主要内容

今以羅什譯本現行流通的形態爲依據，逐次介紹各品大意。天台智顗將全經二十八品均分爲兩部分，分別稱爲迹門和本門，後代多從其説。

《序品》第一，是全經總序，也是迹門之序説。該品叙述世尊在耆闍崛山説《無量義經》後，入無量義處三昧，現出諸般祥瑞。彌勒代表聽講大衆向文殊菩薩問此祥瑞之因緣。文殊言此乃佛陀將説《法華經》之時。

《方便品》第二是全經的中心，與下文《如來壽量品》分别是經文的兩大教義重點。佛從三昧而起，諭舍利弗「諸佛智慧甚深無量，其智慧門難解難入，一切聲聞、辟支佛所不能知」。又説：「佛所成就第一希有難解之法。唯佛與佛乃能究盡諸法實相，所謂諸法如是相，如是性，如是體，如是力，如是作，如是因，如是緣，如是果，如是報，如是本末究竟等。」即所謂「十如是」。在舍利弗三請之下，道出假説三乘之教爲方便，佛法唯有一乘之旨。以上兩品，爲上根直接宣説諸法實相，稱爲「法説周」。

《譬喻品》第三，代表上根智慧第一的聲聞弟子舍利弗昔日受世尊小乘法教化，而未如諸菩薩被許以成佛，因而獨處山林樹下修習，至此方悟一佛乘之旨，斷諸疑悔，心大歡喜。釋迦授記舍利弗未來世成佛，號華光如來。釋迦又爲一千二百阿羅漢以著名的「火宅喻」説明三乘方便、一乘真實的宗旨。有大富長者邸宅因朽四面火起。諸子却在宅中嬉戲，渾然不覺。長者爲了誘使諸子逃出火宅，告以門外停放了鹿車、羊車、牛車。諸子逃出以後，尋問三車，長者則給予一大車，駕以白牛。火宅顯然喻指迷妄的世界，三車是應對不同根機的三乘教説，大白牛車則指一乘教説。所謂「初説三乘引導衆生，然後但以大乘而度脱之」。至於三乘教説中的菩薩乘，與一佛乘是一是二，換言之，三車之喻中的牛車，與出火宅後的大白牛車是一是二，諸家解釋異見紛紜，由此有所謂「三車家」「四車家」之别。

《信解品》第四，代表中根的須菩提、迦旃延、摩訶迦葉、目犍連四大聲聞，昔日不樂大乘佛法，今見聲聞弟子舍利弗得授記作佛，遂領解佛意。因此對佛説「長者窮子」之喻，將佛喻爲大慈悲的長者，把三乘之人譬喻爲窮子，窮子見佛威勢，惶怖奔逃，長者祇得着粗弊之衣，徐徐接近，最終將家財寶藏盡付其子。導出「於一乘道，隨宜説三」的結論。

《藥草喻品》第五，釋迦對摩訶迦葉等聲聞弟子説「三草二木喻」，説明衆生根機有别，隨其所堪而爲説法的道理。

《授記品》第六，承接上品「汝等所行，是菩薩道」的宗旨，中根聲聞摩訶迦葉、須菩提、迦旃延、目犍連得授記成佛。菩薩得授記成佛在大乘經典中屢見不鮮，聲聞成佛則是本經特色。

第三至六品爲中根聲聞弟子説法，稱爲「譬説周」，其中運用譬喻最爲豐富生動。自《化城喻品》第七開始，説法對象是下根聲聞。第七品講述大通智勝如來十六王子聽《法華經》而成佛的宿世因緣。次説「化城喻」，三乘之果不外是化城，引入佛慧，最終成佛。

《五百弟子受記品》第八，下根聲聞富樓那、憍陳如及五百弟子阿羅漢皆得授記成佛。

《授學無學人記品》第九，下根聲聞阿難、羅睺羅及學無學二千人也提出希望得到世尊的授記，佛皆許之，並説「貧人寶珠喻」。

第七、八、九三品爲下根聲聞弟子説法，稱爲「因緣説周」。至此迹門爲聲聞弟子説法、授記的正宗分結束。

《法師品》第十，佛告藥王菩薩於佛涅槃後修行、受持、讀誦、解説、書寫等「五種法師」的修行，以及十種供養功德。

《見寶塔品》第十一，七寶佛塔從地涌出，止於空中，多寶佛從中出現，贊歎釋迦説《法華經》真實不虛。世尊召集十方世界的分身，三次浄化國土，入多寶塔中，多寶佛與釋迦佛並坐説法。

《提婆達多品》第十二，前半説提婆達多蒙佛授記，後半説文殊入龍宫宣揚《法華經》，八歲的龍女獻珠成佛。

《勸持品》第十三，藥王、大樂説等菩薩大衆誓願弘揚《法華經》，比丘尼聲聞衆摩訶波闍波提、耶輸陀羅等皆得授記成佛。

《安樂行品》第十四説佛滅後之惡世，菩薩弘揚《法華經》，應當安住四法，即身、口、意、誓願四安樂行。最後運用髻中明珠的譬喻，宣説此理。

第十至十四品，爲迹門之流通分。

《從地涌出品》第十五，娑婆世界弘揚本經的衆多菩薩及其眷屬從地涌出，向多寶佛、釋迦如來禮拜，爲佛開顯「久遠實成」佛果之序曲。

《如來壽量品》第十六爲全經眼目。世尊應彌勒請問，爲説久遠劫來早已成佛，但爲教化衆生，示現滅度。實則佛身久遠常住，壽命無量。

《分别功德品》第十七説當時與會大衆聞佛壽長遠受益之功德，詳細解説了弘揚此經的五品功德。

《隨喜功德品》第十八承接上一品，佛對彌勒詳説隨喜聽受《法華經》的種種功德。

《法師功德品》第十九，佛對常精進菩薩詳説受持、讀誦《法華經》的「五種法師」功德。

《常不輕菩薩品》第二十以常不輕菩薩禮敬衆生的菩薩行，宣説受持、解説《法華經》的功德。

《如來神力品》第二十一叙述世尊囑咐從地涌出的諸大菩薩於如來滅後，弘揚《法華經》。

《囑累品》第二十二承接上一品主題，世尊三摩諸大菩薩頂，囑咐受持和廣宣此經。諸佛分身回歸國土，多寶佛關閉佛塔歸去。

從《見寶塔品》至此品，聽衆住於虛空，稱爲「虛空會」。前後兩段，世尊在耆闍崛山説法，則稱爲「靈鷲山會」。

《藥王菩薩本事品》第二十三，世尊舉出藥王菩薩過去世爲一切衆生喜見菩薩，曾於日月浄明德佛前聽《法華經》，爲答此恩燒身供養的因緣。

《妙音菩薩品》第二十四，妙音菩薩禮拜釋迦、多寶佛塔，世尊説妙音菩薩過去世供養雲雷音王佛之事。

《觀世音菩薩普門品》第二十五，世尊解説觀世音的名號因緣、稱名作用，以及十四種無畏、三十二應化身等諸功德。此品常被抄出單行，稱《觀世音經》或《普門品經》，是宣説觀世音信仰的重要經典。

《陀羅尼品》第二十六，藥王、勇施菩薩等各自説咒護持受持、講説《法華經》者。

《妙莊嚴王本事品》第二十七講述妙莊嚴王於過去世爲其二子浄藏、浄眼菩薩所化之因緣。

《普賢菩薩勸發品》第二十八，普賢菩薩聞説《法華經》，誓願於惡世乘六牙白象守護奉持此經者。

全經思想内涵極爲豐富，與般若空觀、浄土思想、佛性思想相涉，可視爲大乘佛教教理的集大成者，文體多使用詩歌，又廣泛運用譬喻、象徵等修辭手法，形象生動，因此對東亞佛教傳統産生了深遠影響。

（四）地位和影響

羅什譯本《法華經》甫一問世，即有弟子對該經撰寫注釋，例如慧觀所作《法華宗要》，今僅存序文，收録於《出三藏記集》。五世紀中葉，劉宋竺道生撰《法華經疏》二卷，是爲今存最早的《法華經》注釋書。六世紀初，梁代三大師之一的法雲撰《法華義記》八卷。陳隋之際智顗依據此經創立天台宗，後世尊爲天台三大部的《法華玄義》《法華文句》《摩訶止觀》，前兩部都是對《法華經》的解釋。隋唐以降歷代高僧大德，對《法華經》的注釋更是汗牛充棟，綿延不絶。

在日本，六世紀聖德太子撰《法華義疏》。九世紀初，傳教大師最澄依托此經創立題本天台宗。十三世紀，日蓮專奉此經與經題立日蓮宗。《法華經》有「諸經之王」的稱號。

二、《法華玄贊》的撰寫

（一）作者窺基

《法華玄贊》的撰者窺基，是唐代高僧玄奘弟子，與玄奘共同創立了法相唯識宗。其後半生多在長安大慈恩寺弘法，最終圓寂於此，人稱「慈恩大師」。

《宋高僧傳》記載，窺基俗姓尉遲，唐初名將尉遲敬德之從子。因其出身將門，關於窺基出家的經歷，有「三車自隨」的傳説。傳説玄奘遇之於陌上，見其眉目俊朗，造訪其宅，勸其剃髮出家。窺基提出三個條件，特許「不斷情欲、葷血，過中食」乃可。於是以三車自隨，「前乘經論箱帙，中乘自御，後乘家妓女僕食饌」。此説荒誕不經，贊寧已指出其謬，並引窺基自序云「九歲丁艱，漸疏浮俗」，認爲「三車之説，乃厚誣也」。這段窺基自己的回憶出自《成唯識論掌中樞要》：「基夙運單舛，九歲丁艱。自爾志託煙霞，加每庶幾緇服，浮俗塵賞，幼絶情分。至年十七，遂預緇林。」〔一〕具有相當的可信性。而關輔流傳的「三車和尚」之稱謂，呂澂先生推測或許由於窺基對《法華經》「三車之喻」的解釋與天台宗僧人有異，因而獲得此誣蔑性稱呼。〔二〕

窺基出家以後，入大慈恩寺從玄奘學五天竺語。年二十五，應詔譯經。此外，「講通大小乘教三十餘本……造疏計可百本」，因此有「百本疏主」的美譽。玄奘傳授《唯識論》《瑜伽師地論》於窺基、圓測，窺基恥其不逮，又得玄奘單獨傳授陳那因明學，史稱「大善三支，縱横立破，述義命章，前無與比」。

麟德元年（六六四），玄奘圓寂，翻譯和講述事業遂告終。約當此時，窺基開始東行巡禮五臺山及太行山以東地區。數年之後，窺基返回長安慈恩本寺。本傳記載他屢次參謁道宣，案道宣卒於乾封二年（六六七）十月，則窺基旋返的時間當早於是年。永淳元年（六八二）十一月十三日，圓寂於大慈恩寺翻經院，時

〔一〕《成唯識論掌中樞要》，《大正藏》第四三册，第六〇八頁中欄。

〔二〕呂澂：《中國佛學源流略講》，中華書局，二〇一一，第三四四頁。

年五十一。葬於樊村北渠，與玄奘塔毗鄰，即今西安市南郊護國興教寺。

贊寧在傳記的末尾指出窺基「名諱上字多出没不同」，在早期的自撰作品及碑銘中，一律稱「基」，或因玄奘在曲女城大會辯論得勝，有「大乘天」之譽，慈恩弟子多冠以「大乘」之號，乃稱「大乘基」。「窺基」之名，首見於《開元釋教録》。「窺基」一名的由來，日本學者佐伯良謙和中國學者何歡歡認爲「窺」字是出於宋人避諱而使用的代字[一]，可稱爲「避諱説」。日本學者渡辺隆生和中國學者楊祖榮則主張「窺」字本爲大慈恩寺另一僧人的法號，見於日本法隆寺藏龍朔二年（六六二）《大般若經》卷三四八末尾的「譯場列位」、日本藥師寺金堂所供養《大般若經》卷二八〇唐寫經、唐寫本《寺沙門玄奘上表記》所收《請御制大般若經序表》等文獻[二]，可稱爲「人物説」。結合文獻的記載來看，似乎後説比較有説服力，姑從其説。

（二）《法華玄贊》的撰寫過程

關於《法華玄贊》的撰寫過程，窺基在該書末尾自云：

〔一〕佐伯良謙『慈恩大師伝』，京都：山城屋文政堂，一九二五，第一七—二四頁。何歡歡：《是誰弄錯了「窺基」的名字？》，《東方早報・上海書評》二〇一五年十二月二十日。

〔二〕渡辺隆生「慈恩大師の伝記資料と教學史的概要」，興福寺・薬師寺編『慈恩大師御影聚英』，京都：法藏館，一九八二。參見楊祖榮《〈説無垢稱經疏〉的作者、版本與文體》（待刊）的相關綜述。

基以談遊之際，徒次博陵，道俗課虛，命講斯典，不能脩諸故義，遂乃自纂新文。夕制朝談，講終疏畢，所嗟學寡識淺、理編詞殫，經義深賾，拙成光讚，兢兢依於聖教，慄慄採於玄宗，猶恐旨謬言疎，寧輒枉爲援據。此經當途最要，人誰不贊幽文？既不能默爾無爲，聊且用申狂簡。識達君子，幸爲余詳略焉。〔一〕

博陵隸屬定州，位於太行山以東，今河北省定州市附近。據前文所考，《法華玄贊》的成書年代，當在窺基東巡的六六四年至六六七年之間。所謂「不能脩諸故義，遂乃自纂新文」，語氣頗爲自謙。今觀《法華玄贊》文中較多引用了世親之《法華論》、劉虬《注法華經》等，窺基除了博聞强識，應該也參考了當地寺院中的藏書。

（三）《法華玄贊》的特徵與流傳

從引用文獻來看，窺基對《法華經》的解釋，所用經本很可能是隋譯本，根本立場是援引世親所作《法華論》，除此之外，還引用了《瑜伽師地論》《攝大乘論》《阿毗達磨集論》《辨中邊論》《金剛般若論》《大智度論》《成唯識論》《俱舍論》等以唯識學爲主的論書，特别是在解釋佛教名相時，暗引《瑜伽師地論》之

〔一〕《法華玄贊》卷十，《大正藏》第三四册，第八五四頁上欄。

處甚多。涉及菩薩戒的解説，也援引了《善戒經》《地持論》等六朝舊譯。引用經文還包括《涅槃經》《勝鬘經》《大般若經》《解深密經》《華嚴經》《楞伽經》《維摩詰經》等。

窺基注釋的一大特色在於廣泛徵引《爾雅》《廣雅》《説文》《切韻》《玉篇》《通俗文》等唐前字書，對漢譯佛典的世俗名物加以辨析和解説，因此也具有漢語史和博物學的意義。〔一〕

本書有藏文譯本，題爲《妙法蓮華注》，收録於藏文大藏經中。此外，漢地尚有慧沼撰《法華玄贊義決》一卷、智周撰《法華玄贊攝釋》四卷、藏諸撰《法華經玄贊決擇記》八卷、栖復撰《法華玄贊要集》以及本叢書所收敦煌本《法華玄贊》的釋抄等注釋書引申發揮《玄贊》的義理，天台宗方面也有《法華五百問論》對《玄贊》的觀點加以破斥。

三、《法華玄贊》的結構與思想

窺基對《妙法蓮華經》的注疏，鮮明地反映了法相唯識宗的解經立場，同時廣引外書，代表當時佛教

〔一〕對《法華玄贊》引書特色的分析，參見勝呂信静「窺基の法華玄贊における法華経解釈」，坂本勝男編『法華經の中國的展開』，京都：平楽寺書店，第三四三—三七二頁。

思想的發展水平和傳播情況，這些文獻所體現的思想與時代特色，是研究佛教解經學、中古思想史的重要材料。

《法華玄贊》由法相唯識學之立場解釋《法華經》，批判智顗、吉藏的學説。從來闡釋《法華經》，多主一乘真實三乘方便之説，窺基則持一乘方便三乘真實之立場。内容首先叙述《法華經》興起之因，其次闡明經之宗旨，解釋經品之得名，以彰顯經品之廢立、經品之次第，依次再解釋經之本文。

解釋經之本文，每品以三門分别。其一，來意：闡明一品的要旨，以及與前文的邏輯關係。其二，釋名：解釋經題中的名相、語詞。其三，解妨難：回應可能的疑難。在經文的具體解釋中，窺基主張會二歸一，認爲唯識學派所主張的五姓各别説中，《法華經》所説一切衆生皆可成佛之説，是對不定種姓的退菩提心聲聞和不定種姓獨覺的方便説法。〔一〕

《大正藏》所收《法華玄贊》十卷，卷内復分爲本、末兩部分，敦煌本卷内不再細分。今依《大正藏》本卷次，對隨文解釋各品做對照表如後：

〔一〕對本書内容的解説，參見周叔迦《釋家藝文提要》，北京古籍出版社，二〇〇四，第三五二—三五四頁。黄國清：《〈妙法蓮華經玄贊〉研究》，臺灣「中央」大學博士學位論文，二〇〇五。

編號	品名	卷次
一	序品	卷一末
		卷二本
		卷二末
二	方便品	卷三本
		卷三末
		卷四本
		卷四末
三	譬喻品	卷五本
		卷五末
		卷六本
四	信解品	卷六末
五	藥草喻品	卷七本
六	授記品	
七	化城喻品	卷七末

編號	品名	卷次
八	五百弟子受記品	卷八本
九	授學無學人記品	
一〇	法師品	卷八末
一一	見寶塔品	
一二	提婆達多品	卷九本
一三	勸持品	
一四	安樂行品	
一五	從地涌出品	卷九末
一六	如來壽量品	
一七	分別功德品	
一八	隨喜功德品	卷十本
一九	法師品德品	
二〇	常不輕菩薩品	
二一	如來神力品	

編號	品名	卷次
二二	囑累品	卷十本
二三	藥王菩薩本事品	
二四	妙音菩薩品	卷十末
二五	觀世音菩薩普門品	
二六	陀羅尼品	
二七	妙莊嚴王本事品	
二八	普賢菩薩勸發品	

可以明顯看出，窺基解釋《法華經》，重點是開頭的《序品》《方便品》，後面諸品的解釋則比較簡略。以下簡要介紹卷五的思想。

本卷解釋《法華經・譬喻品》的前半。以三門分別：一敘來意，二解品名，三釋妨難。一敘來意，分爲兩層：第一主張上一品智慧第一的舍利弗是上根聞法，已經覺悟，下文敘述化導中根的情節，以此理解此品及以下諸品與上文的邏輯關係；第二是闡釋世親《法華論》中所云「七譬喻」、「三平等」、「十無上義」與《法華經》諸品的對應關係。二解品名，引用字書，解釋譬喻之義，「舉世間之近迹，況類出世之深致，以開未語，用曉前迷」。三釋妨難，回答讀者對經題的疑問。其中第一問是，既然此品以譬喻説理，上一品直接彰顯佛法，按照同樣的命名原則，上一品當題「法品」。疏主以通、別不同答之。第二問是既然全經共有七個譬喻，爲何獨此品以「譬喻」爲題？疏主認爲此是第一個譬喻，「譬喻」雖然是總稱，也是别名。第三問是《法華經》爲何中根聲聞弟子領悟、得授記單獨開列爲《授記品》，而上根舍利弗領悟、得授記的情節却放在此品的開頭。疏主認爲除了二者篇幅長短不同，舍利弗得授記以後，請求世尊以譬喻再加解説，二者邏輯相連。

此下隨文解釋經文，將本品至《授記品》分爲兩大段。第一段敘述舍利弗聞法領悟，得佛授記，屬於第一周對上根説法。第二段敘述佛以種種譬喻教化中根。其中在舍利弗得佛授記的段落，疏主以六門分別，從「一授記所由，二誰能授記，三誰所授記，四授記差别，五釋妨難，六聲聞類異」若干角度，對授記的原因、對象等做詳細解説。

第二段三車之喻的描述中，分爲散文體的長行和韻文體的偈頌。本卷解釋長行部分，又分爲陳喻、合説、結答三部分。陳喻是陳述譬喻的故事内容，「初喻昔權，後喻今實」，昔權之中，分爲三界佛有、五趣危亡、見設權方、依言免難四段，其中見設權方一段，又細分爲見苦悲生、示大不悕、思方拔濟、正説三乘四段。今實之中，分爲喻受實、喻釋疑兩段。合説與結答，分别是對譬喻寓意的解説和結論總括。

四、《法華玄贊》敦煌寫本的價值

（一）《法華玄贊》的敦煌寫本

《法華玄贊》全書十卷，中國歷代藏經祇有趙城金藏收録卷一大部分，卷三、四全卷。〔一〕《大正藏》所收本（經號一七二三）底本是日本奈良興福寺本，校勘本是正倉院聖語藏本、法隆寺本和中村不折藏本。〔二〕

〔一〕《宋藏遺珍》第四册，新文豐出版公司，一九七八，第二一三八—二一六六頁。

〔二〕《妙法蓮華經玄贊》卷一校勘記，《大正藏》第三四册，第六五一頁上欄。

敦煌遺書中的寫本殘卷，據《大正藏・敦煌出土佛典對照目録》和本次整理調查，一共三十四號[一]：

（一）伯三八三二，行草書，首全尾殘，存一千一百四十三行，起卷一首，迄同卷「此舍利弗舅（氏）」。

【本叢書所收玄贊卷一】

（二）國圖一一四六八，楷書，首尾均殘，存三行，起卷一「六釋經之本文」，迄同卷「三酬求因」。

（三）斯二四六五，行草書，首尾均殘，存四百八十四行，起卷一「甚深云佛曾親近」，迄同卷「譬喻品初寄」。

（四）俄一〇六〇，行楷書，首尾均殘，存十五行，起卷一「天授品云」，迄同卷「故爲往時，常（持此經）」。

（五）斯六四七四，行草書，首尾均殘，存八百七十六行，起卷一「（於一佛乘分）别説三」，迄同卷「言等者以阿羅漢」。

（六）國圖四七六六，行楷書，首尾均殘，存一百一十九行，起卷一「悉皆有心，凡有心者」，迄同卷「（斯有由）矣，准此理（應法四）」。

〔一〕国際仏教学大学院大学附属図書館『大正蔵・敦煌出土仏典対照目録（暫定第三版）』，二〇一五，第二三四頁。收入本書的草書寫卷行數，依整理者實際計算所得。書道博物館收録的圖版不全，無法確定行數，僅標示起訖文字。

（七）國圖一〇二三八，行楷書，首尾均殘，存五行，起卷一「（故）稱爲妙」，迄同卷「今此會中理實唯一，佛（所得）」。

（八）伯四八一八，楷書，首尾均殘，每行後半殘缺，存十一行，起卷一「（依戒）而行，依四念處」，迄同卷「起三妙觀」。

（九）國圖一一五七九，楷書，首尾均殘，存四行，起卷一「（要）聞熏習」，迄同卷「（大）定、智、悲，久離（戲論）」。

（一〇）國圖一二〇五八，行書，首尾均殘，存十一行，起卷一「（佛唯）有三法，謂大（定）」迄同卷「是佛（利他）」。

（一一）國圖一二〇五七，行書，首尾均殘，存七行，起卷一「名無（戲論）」，迄同卷「謂如是法，我從（佛聞）」。

（一二）國圖一二〇五六，行書，首尾均殘，存七行，起卷一「意避增（減）」，迄同卷「法王啓化（機器）」。

（一三）國圖三五四三，行楷書，首尾均殘，存二百三十四行，起卷一「（機器）咸集，説聽（事訖）」，迄同卷「此漏非一，故（名爲諸）」。

（一四）國圖三五四八，草書，首尾均殘，存一百三十八行，起卷一「（此漏非一，故名）爲諸，然依瑜伽」，迄同卷「正法花云，上時、象、江三迦（葉）」。

（一五）伯四七九七，楷書，首尾均殘，每行前半殘缺，存五行，起卷二「退，説福名不轉」，迄同卷「螳螂拒轍，輪能催」。

（一六）國圖一四五四六，草書，首殘尾全，存九百四十二行，起卷二「（輪能摧）之，聖（道在心）」，迄同卷末，有「開元五年四月十五日辰時寫了」尾題。

（一七）國圖九六六八，行書，首殘尾全，存一千一百六十四行，起卷二「第八地名（決定地）」，迄同卷末。

（一八）新一三八〇六五，故宫博物院藏本。草書，首尾均殘，存五百四十六行。起卷二「或此同前歌神音曲」，迄同卷「意樂及事」。本次整理發現，與上博一二可以綴合，故一並校録收入。【本叢書所收玄贊卷二】

（一九）上博一二，上海博物館原藏，草書，首殘尾全，存五百一十二行。起卷二「業巧便向」，迄同卷末。惜原件今已難以找尋。【本叢書所收玄贊卷二】

（二〇）書道博物館一〇〇號，草書，首尾俱全，爲卷四全部。

（二一）國圖六四三九，行書，首尾均殘，存二百一十七行，起卷四「教理行果，爲今大因」，迄同卷「尸羅不（清净）」。

（二二）國圖一一二二，行楷書，首殘尾全，存七百一十二行，起卷四「（法障）也。宿造遺法業」，迄同卷末。

（二三）伯四九一〇，行草書，首尾均殘，存二十三行，起卷五「（稽）留，故性雖捷利」，迄同卷「此釋之文中有三，一問，二答」。

（二四）新一三七三六八，故宮博物院藏本，存二百四十三行，起卷五「佛唯讚菩薩」，迄同卷「讚（證）於無上道。贊曰此頌」。【本書叢所收玄贊卷五】

（二五）國圖一二〇三一，草書，首尾均殘，存六行，起卷六「第二有卅二（頌）」，迄同卷「七句明三界」。

（二六）伯二一七六，草書，首殘尾全，存一千二百八十五行，起卷六「况能信解，修諸善法」，迄同卷末。【本叢書所收玄贊卷六】

（二七）上博附〇三，上海博物館藏，草書，首殘尾全，存六十五行，起卷六「初文有五，第一合初發心」，迄同卷末。【本叢書所收玄贊卷六】

（二八）書道博物館七九號，草書，首殘尾全，起卷七「（我）無此物」，迄同卷末。

（二九）斯一五八九，楷書，首尾皆殘，存一百二十一行，起卷七「（或）破四有，謂生有、死（有）、中有、本有」，迄同卷「後二頌法喻合說，滋茂因異」。

（三〇）書道博物館一〇一號，草書，首殘尾全，起卷八「多皆退性」，迄同卷末。

（三一）中文一四四，未見，情況不詳。

（三二）中文一四五，未見，情況不詳。

（三三）國圖一四七一〇，草書，首尾均殘，存一千〇八行，起卷十「故以爲名，二如是等結」，迄同卷末，卷首有向燊等題跋。【本叢書所收玄贊卷十】

（三四）國圖一二一二三，楷書，首尾均殘，存十六行，起卷十「（莫）使他知；設令（他知）」，迄同卷「天親菩薩釋伽（耶山頂經）」。

（二）本册所收草書寫本的書法特點

敦煌草書發現之前，人們談及唐代草書，主要指孫過庭《書譜》，賀知章書《孝經》，懷素《自叙》、所書《千字文》及《論書帖》等，此外則鮮見鴻篇，傳世唐人草書不足以呈現唐代書藝的輝煌。近人馬宗霍《書林藻鑑》曰：「然唐無章草。」

到底唐代有無章草傳世呢？答案爲有，而且數量驚人！此次「敦煌草書寫本識粹」，向大家展示了令人矚目的草書寶藏。

故宫博物院新一三七三六八，《中國法書全集》（五）收印此卷圖版，其説明文字摘録如後：

紙質，章草。紙二十八點五釐米，橫三百七十三點二釐米，故宮博物院藏。妙法蓮華經玄贊，原定名「唐人草書經卷」。背簽「唐初人草書經義卷」。……中有朱、墨筆改補字。前有「康生看過」「夢郼草堂」朱印二方。後鈐「羅振玉印」「羅叔言」朱印二方。此卷編號新一三七三六八，與新一三八〇六五、一五〇六七九形式及書法相近，時代應爲中唐。此卷首尾殘缺，起「佛唯贊菩薩不贊我」，止「供養無數佛至證（當是讚）於無上道贊曰：此頌」。

此經以章草抄就，不但法度謹嚴，動合矩度，而且古樸之中見靈動，厚重之中見飄逸，茂密之中見疏朗，整齊之中見變化。尤其輕重有節，氣勢貫通全篇，更爲難得。唐人草書多章草意蘊者，當推孫過庭《書譜》，然《書譜》與此卷相較書風已是妍媚居多，古意不復多見，故求草之古法，敦煌遺書乃是巨大寶庫也。〔一〕

諦視敦煌藏唐代草書寫卷，真書苑之珍寶。《法華玄贊》卷五草書卷，又可稱珍寶中之妙品。此卷首尾皆缺，似被人爲割截，令人歎息。現存二百四十三行，計存五千四百餘字。觀感如後。

第一，清新俊麗，瀟灑怡人。

〔一〕蘇士澍編《中國法書全集》（五），文物出版社，二〇〇九，圖版説明第三頁。

以余所見敦煌草書寫卷而言，浄眼《因明入證理論略抄》及後疏〔一〕，勢似傳統草書《出師頌》，章草意味甚濃。相較而言《法華玄贊》卷五則今草味更多。如卷中「方便、如來、能知、此事」則上下兩字相連，打破了章草字字獨立的格局。

卷面整體觀感，清新乾浄，有「瀟灑出風塵」之感。筆道粗細結合，書卷氣濃烈，韻味雋永，絶無俗態。如一八二行之「三」，每筆字形皆不相同，骨肉匀停。尤以最下一横筆潤墨妙，靓麗怡人，若放大觀之，足與《書譜》頡頏。

第二，特立風標，趣味横生。

釋校敦煌草書寫卷，最犯愁者，面對難字，懵然不能識認；最可喜者，昔日不識之字，一朝涣然通釋。《玄贊》卷五中有些字就令人印象頗深，如「疑」字，頗費心思，但總也找不到準確答案，直到後來看到《法華玄贊》卷五録文，乃連呼何以如此！依此，釋校敦煌草書寫卷，首要的任務是尋找文本，找相關的佛經，還要有更多的草書、行書、俗字、異體字字典，對照比較，趣味迭起，愁喜交織，誠亦樂事。

卷中，「楞嚴經」之「楞」和「幔」之右旁，完全相同。而在《草字編》和《日本歷代書聖名迹書法大

〔一〕吕義編著《唐浄眼因明論草書釋校》，中國商業出版社，二〇一五。另見本叢書所收《因明入證理論略抄暨後疏》。

字典》〔一〕中，均找不到相同之字形。然《楞嚴經》和「貪嗔癡慢疑」皆是佛經中人皆耳熟能詳者，因此，可以放心釋之，今後將收入敦煌草書字典中，以廣聞知。

又「違」、「圍」之「韋」，寫卷皆作「韦」。而傳統草書字典《急就章》作「丰」。《書譜》則「丰」與「韦」並用。而净眼《因明入證理論》寫卷之「違」則作「遠」，掌握這些字形，對創作草書作品和認讀古代寫卷，皆有極大的幫助。

此外「衆」下「众」如草書「北」字；「邊」之右上作草書「鳥」形，「舍」、「善」之中皆少一横，而「雙」中又比中日草書字典所收字皆多一横；「局」之「尸」下作「句」，「蘊」之左下作「氵」。「軌」之「九」作「凡」。多可在諸多字書中找到痕迹，或又能補充彼之不足。釋校之趣，足可深談。

（陳志遠　呂　義）

〔一〕洪鈞陶編《草字編》，文物出版社，一九八四。北川博邦編《日本歷代書聖名迹書法大字典》，華夏出版社，二〇〇一。

圖書在版編目（CIP）數據

法華玄贊. 卷五 / 吕洞達，吕義編著. --北京：社會科學文獻出版社，2022. 3
（敦煌草書寫本識粹 / 馬德，吕義主編）
ISBN 978-7-5201-9596-6

Ⅰ. ①法…　Ⅱ. ①吕…②吕…　Ⅲ. ①《法華經》－研究　Ⅳ. ①B942.1

中國版本圖書館CIP數據核字（2021）第278258號

·敦煌草書寫本識粹·
法華玄贊卷五

主　　編 / 馬　德　吕　義
編　　著 / 吕洞達　吕　義

出 版 人 / 王利民
責任編輯 / 胡百濤　周雪林
責任印製 / 王京美

出　　版 / 社會科學文獻出版社·人文分社（010）59367215
地址：北京市北三環中路甲29號院華龍大廈　郵編：100029
網址：www.ssap.com.cn
發　　行 / 社會科學文獻出版社（010）59367028
印　　裝 / 北京盛通印刷股份有限公司

規　　格 / 開　本：889mm×1194mm　1/16
印　張：8. 25　字　數：68千字　幅　數：24幅
版　　次 / 2022年3月第1版　2022年3月第1次印刷
書　　號 / ISBN 978-7-5201-9596-6
定　　價 / 198. 00圓

讀者服務電話：4008918866